21世纪旅游管理学精品图书

TOURISM LAWS AND REGULATIONS

旅游法律法规精读本

龚正 著

ZHEJIANG UNIVERSITY PRESS
浙江大学出版社

图书在版编目(CIP)数据

旅游法律法规精读本 / 龚正著. —杭州:浙江大学
出版社,2019.7
ISBN 978-7-308-19120-3

Ⅰ.①旅… Ⅱ.①龚… Ⅲ.①旅游业－法规－研究－
中国 Ⅳ.①D922.296.4

中国版本图书馆 CIP 数据核字(2019)第 080271 号

旅游法律法规精读本

龚　正　著

责任编辑	陈丽勋	
责任校对	杨利军　张培洁	
封面设计	春天书装	
出版发行	浙江大学出版社	
	(杭州市天目山路 148 号　邮政编码 310007)	
	(网址:http://www.zjupress.com)	
排　　版	杭州时代出版服务有限公司	
印　　刷	杭州高腾印务有限公司	
开　　本	787mm×1092mm　1/16	
印　　张	9.25	
字　　数	156 千	
版 印 次	2019 年 7 月第 1 版　2019 年 7 月第 1 次印刷	
书　　号	ISBN 978-7-308-19120-3	
定　　价	32.00 元	

前　言

本书旨在向读者精要地介绍我国当前的旅游法律法规制度。

全书共九章,分别是"旅游法概述""游客权益保护概述""旅行社业法规制度""导游人员管理法规制度""旅馆业法规制度""出境旅游相关法律制度""景区法规制度""旅游安全""旅游纠纷与旅游投诉"。本书内容以及体例参照了作者过去所著的两本书——《旅游法规精读本》与《旅行消费法律常识》。

作者认为本书相对于以往的其他旅游法律法规著作,在内容方面有如下三大特点:一是内容"精",本书的编写力求内容简明扼要,全书没有专门去介绍法律知识点,也拒绝法律知识与旅游知识"混合式"或"夹杂式"的写作方式;二是内容"新",本书采纳的很多法规都是最新颁布的,与当前旅游法律法规与时俱进;三是内容"值",本书的很多内容来源于作者多年以来的旅游法律实务,在体例以及内容的选择、编撰和著述方面体现了作者的付出,有一定价值。

关于本书的版权,作者在此声明:作者不允许,也未授权任何单位(包括非营利的组织、图书馆、学校等)和个人以扫描或数据方式向任何第三方(包括内部会员、成员、学生等)提供本书内容。

龚　正

2019 年 1 月于浙江舟山

目　录

旅游法律法规精读本

第一章　旅游法概述

一、旅游法的产生及我国旅游法的表现形式

(一)旅游法的产生

旅游法的产生是旅游业发展到一定历史阶段的产物。

自托马斯·库克(Thomas Cook)开创近代旅游始,旅游就成为一种社会经济活动,产生了复杂的社会关系,由此而带来的各种矛盾和纠纷虽引起了一些国家的重视,但这时还未有严格意义的立法。直至第二次世界大战以后,经济发展,物质水平提高,人们有了物质基础和闲暇时间以后,旅游才成为一种时尚,这时产生了大量的复杂的社会关系,带来了各种各样的问题与矛盾。比如:旅游活动会对旅游接待地市场形成冲击,刺激其物价大幅度上涨,使当地居民的实际生活水准下降;旅游业的过度发展会对土壤、水源、环境造成污染,破坏生态平衡;旅行游览中发生的吃、住、行、游、购、娱等环节存在侵害游客权益的现象;旅游经营者之间存在不正当竞争现象等。这些问题越来越严重,引起了国家、政府的注意,最终立法机构通过制定相关法律来加强对旅游活动的控制和引导,以协调关系、缓和矛盾。旅游法就此产生了。说到底,旅游法是旅游活动发展的必然产物。因为旅游活动产生了大量的社会关系,由此带来的矛盾和纠纷是促使旅游法产生的社会基础,当矛盾和纠纷发展到一定阶段后,必然会对上层建筑提出立法要求,于是旅游立法得以实现。

(二)我国旅游法的表现形式

在我国,狭义的旅游法,是指第十二届全国人民代表大会常务委员会第二

次会议于 2013 年 4 月 25 日通过,自 2013 年 10 月 1 日起施行的《中华人民共和国旅游法》。

广义的旅游法是指调整旅游活动领域中各种社会关系的法律规范的总称。不完全列举如下。

1. 法律

《中华人民共和国旅游法》

2. 行政法规

《导游人员管理条例》

《中国公民出国旅游管理办法》

《风景名胜区条例》

《旅行社条例 》

3. 部门规章

《旅游行政许可办法》

《导游管理办法》

《旅行社条例实施细则》

《旅游安全管理办法》

《旅游行政处罚办法》

《旅游投诉处理办法》

4. 地方性法规、规章及规范性文件

《浙江省风景名胜区条例》

《浙江省旅游条例》

旅
游
法
律
法
规
精
读
本

二、我国旅游立法概况

我国的旅游立法是伴随着改革开放的步伐,在国务院关于旅游业发展的大政方针指导下,随着我国加入 WTO,以及国内旅游业的不断壮大和旅游发展的不断深入,结合国内外旅游发展的基本态势逐步制定的。

1978 年党的十一届三中全会以后,我国开始实施改革开放政策,旅游业面临前所未有的发展机遇。1980 年 7 月 1 日,《国务院转发国家经委关于旅游纪念工艺品生产和经营若干问题的暂行规定的通知》提到"搞好旅游纪念品、工艺品的生产和经营,对于发展我国旅游事业,扩大对外宣传,促进国际文化交流,增加外汇收入,支援社会主义现代化建设都具有重要意义"。1981 年 7 月,国务院在北京召开全国旅游工作会议,传达了中共中央书记处关于"要逐步走出一条日益兴旺发达的中国式的旅游道路"的指示。

1985 年 5 月 11 日,国务院颁布《旅行社管理暂行条例》,后于 1996 年 10 月 15 日颁布《旅行社管理条例》,并于 2001 年 12 月 11 日作了修订。2009 年 2 月 20 日,国务院颁布《旅行社条例》,同时《旅行社管理条例》废止。1985 年 6 月 7 日,国务院颁布《风景名胜区管理暂行条例》,后于 2006 年 12 月 1 日颁布《风景名胜区条例》,原暂行条例作废。1990 年 2 月 20 日,国家旅游局颁布《旅游安全管理暂行办法》,就加强旅游安全管理工作,保障旅游者人身、财物安全作了规定。为贯彻落实该办法,国家旅游局又于 1994 年 1 月 22 日制定了《旅游安全管理暂行办法实施细则》。为及时了解、妥善处理好重大旅游安全事故,国家旅游局于 1993 年 4 月 15 日颁布《重大旅游安全事故处理程序试行办法》和《重大旅游安全事故报告制度试行办法》。1992 年 8 月 17 日,国务院颁布《关于试办国家旅游度假区有关问题的通知》,我国多处国家旅游度假区据此设立。1994 年 9 月 15 日,国务院办公厅下发《关于对旅行社实行质量保证金制度的复函》,同意对旅行社实行质量保证金制度。为加强对漂流旅游的管理,保障漂流旅游者的安全,促进漂流旅游有序发展,1998 年 4 月 7 日,国家旅游局颁布《漂流旅游安全管理暂行办法》。为了加强旅游统计管理,保障旅游统计资料的准确性和及时性,1998 年 5 月 15 日,国家旅游局颁布《旅游统计管理办法》。为了促进我国旅游产业的健康、持续发展,加强旅游规划管理,提高旅游规划水平,2000 年 10 月 26 日,国务院颁布《旅游发展规划管理办法》。2001 年 5 月 15 日,国家旅游局颁布第 14 号令《旅行社投保旅行社责任保险规定》,国家旅游局、中国保监会后于 2011 年 2 月 1 日施行《旅行社责任保险管理办法》,同时废止《旅行社投保旅行社责任保险规定》。

2001 年 12 月 11 日,经过多年的艰苦谈判,中国终于加入世界贸易组织(World Trade Organization, WTO)。按照 WTO 协议,加入成员要在其后的国际贸易中履行既定的义务。旅游服务是国际服务贸易的重要部门,对诸如饭店、餐馆、旅行社等旅游服务在市场准入和国民待遇限制方面都有了新的要求。这些新形势的出现对我国旅游法制建设产生了重大影响。2001 年 4 月 11 日,国务院下发《国务院关于进一步加快旅游业发展的通知》,就加快旅游业发展的指导思想、工作重点、政策措施等作了规定。2002年5月27日,国务院颁布《中国公民出国旅游管理办法》,就规范旅行社组织中国公民出国旅游活动,保障出国旅游者和出国旅游经营者的合法权益作了规定。2002年10月28日,国家旅游局颁布第18号令《出境旅游领队人员管理办法》。2003年6月12日,国家旅游局、商务部颁布《设立外商控股、外商独资旅行社暂行规定》。

2009年12月1日,国务院下发《国务院关于加快发展旅游业的意见》,就加快发展旅游业的总体要求、主要任务、保障措施等提出了若干意见。2010年7月1日施行的《旅游投诉处理办法》,就维护旅游者和旅游经营者的合法权益,依法公正处理旅游投诉作了规定,同时废止了《旅行社质量保证金暂行规定》《旅行社质量保证金暂行规定实施细则》《旅行社质量保证金赔偿暂行办法》。

2012年3月14日,财政经济委员会第六十四次全体会议审议并通过了《中华人民共和国旅游法(草案)》,2012年8月27日,第十一届全国人大常委会第二十八次会议初次审议,后再经审议修订,最终于2013年4月25日正式颁布《中华人民共和国旅游法》,该法自2013年10月1日起施行。为配合《中华人民共和国旅游法》的实施,规范旅游行政处罚行为,维护旅游市场秩序,保护旅游者、旅游经营者和旅游从业人员的合法权益,2013年5月12日,国家旅游局颁布了《旅游行政处罚办法》(国家旅游局令第38号)。该法详尽规定了旅游行政处罚的实施主体与管辖、适用、一般程序、简易程序、执行、结案与归档、监督等方面的内容。

为了加强旅游安全管理,提高应对旅游突发事件的能力,保障旅游者的人身、财产安全,促进旅游业持续健康发展,根据《中华人民共和国旅游法》《中华人民共和国安全生产法》《中华人民共和国突发事件应对法》《旅行社条例》和《生产安全事故报告和调查处理条例》等法律、行政法规,2016年9月7日国家旅游局第十一次局长办公会议审议通过了《旅游安全管理办法》,同时废止了《旅游安全管理暂行办法》。为规范导游执业行为,提升导游服务质量,保障导游合法权益,促进导游行业健康发展,依据《中华人民共和国旅游法》《导游人员管理条例》和《旅行社条例》等法律法规,2017年10月16日国家旅游局第十七次局长办公会议审议通过了《导游管理办法》(《导游人员管理实施办法》已于2016年9月27日由国家旅游局公布废止)。为了规范旅游行政许可行为,保护公民、法人和其他组织的合法权益,保障和监督旅游主管部门有效实施行政管理,根据《中华人民共和国行政许可法》及有关法律、行政法规,结合旅游工作实际,2018年3月2日,国家旅游局第三次局长办公会议审议通过了《旅游行政许可办法》。

在地方立法方面,各地积极地从法制建设上对旅游业发展加以重视和规范。目前全国各省、自治区、直辖市都制定了旅游方面的条例,一些较大的市和经济特区,比如西安、广州、武汉、杭州、厦门、深圳、汕头等,都制定了旅游方面的法规、规章。一些自治区、自治县也制定了旅游方面的条例,比如《黔南布依族苗族自治州旅游发展条例》《恩施土家族苗族自治州旅游条例》《乳源瑶族自治县旅游管理条例》《五峰土家族自治县旅游条例》等。

我国地方旅游立法比较早的省份是陕西省。陕西省人民政府早在 1988 年 11 月 27 日颁布了《陕西省旅游和来访外宾行李安全管理暂行规定》,并于 1989 年 2 月 24 日颁布了《陕西省旅游业管理暂行规定》。在地方旅游立法方面,有注重市场方面立法的,比如《北京市旅游客运汽车运营管理办法》《福建省旅游市场管理暂行办法》《安徽省旅游市场管理办法》《海南省旅游市场管理规定》等;有注重旅游资源方面立法的,比如《厦门市旅游资源保护和开发管理暂行规定》《浙江省旅游度假区管理办法》《汕头经济特区旅游资源保护和开发管理规定》等;也有加强地方旅游事故处理方面立法的,比如《广东省旅游事故处理暂行规定》《广州市特殊旅游项目安全管理规定》。这些地方政府规章和规范性文件的颁布实施,为规范整顿旅游市场、构建健康的旅游环境起到积极的作用。

三、《中华人民共和国旅游法》精要解读①

《中华人民共和国旅游法》(以下简称《旅游法》)于 2013 年 4 月 25 日正式颁布,根据 2016 年 11 月 7 日第十二届全国人大常委会第二十四次会议《关于修改〈中华人民共和国对外贸易法〉等十二部法律的决定》第一次修正,根据 2018 年 10 月 26 日第十三届全国人大常委会第六次会议《关于修改〈中华人民共和国野生保护动物法〉等十五部法律的决定》第二次修正。共设 10 章 112 条,除总则、法律责任和附则外,分别对旅游者、旅游规划和促进、旅游经营、旅游服务合同、旅游安全、旅游监督管理、旅游纠纷处理等内容作了规定。

---

① 解读部分内容,仅代表作者个人观点。

（一）各章的凸显点

1．第一章　总　　则

（1）"利用公共资源建设的游览场所应当体现公益性质。"（第四条）

该条规定反映了公共资源型旅游资源全民属性的特征，与《旅游法》第四十三条相呼应。

（2）"国务院建立健全旅游综合协调机制，对旅游业发展进行综合协调。

县级以上地方人民政府应当加强对旅游工作的组织和领导，明确相关部门或者机构，对本行政区域的旅游业发展和监督管理进行统筹协调。"（第七条）

该条规定明确了人民政府对旅游工作的原则是以统筹协调为主，同时也对政府旅游工作授权性管理作了规定。①

2．第二章　旅游者

（1）注重专项保障"残疾人、老年人、未成年人"等特殊旅游群体的利益。（第十一条）

（2）专门规定了"旅游者在人身、财产安全遇有危险时，有请求救助和保护的权利"。（第十二条）

（3）更加强调旅游者在旅游活动中的义务。②（在第十三、十四、十五、十六条作了详尽规定）

3．第三章　旅游规划和促进

（1）将编制旅游发展规划、重点旅游资源开发利用的专项规划的职责主体明确界定在县级以上各级人民政府这个层次。

（2）明确规定了各级人民政府对旅游发展规划的执行评估，制定并组织实施有利于旅游业持续健康发展的产业政策，推进旅游休闲体系建设，推动区域旅游合作，扶持特定区域旅游业发展，统筹组织本地旅游形象推广工作的职责。

（3）规定了县级人民政府根据需要建立旅游公共信息和咨询平台、无偿向

---

① 《旅游法》赋予了县级以上地方人民政府很多的旅游管理职责，比如组织编制旅游规划、组织实施旅游政策、加强旅游基础设施建设、促进旅游公共服务体系的建设、加强旅游形象的推广等。本条提及的"明确相关部门或者机构"，即意味着政府可将旅游管理工作的某些职能授权给其他部门（包括非旅游主管部门）行使，比如将编制旅游规划的职责授权给发改委等部门。

② 《国家旅游局关于旅游不文明行为记录管理暂行办法》（旅办发〔2016〕139号）第二条规定，中国游客在境内外旅游过程中发生的因违反境内外法律法规、公序良俗，造成严重社会不良影响的行为，纳入"旅游不文明行为记录"。

旅游者提供旅游必要信息和咨询服务的职责。

总的来看,第三章内容凸显了政府主导的旅游发展策略。这里所述的"政府主导"不同于计划经济的"指令性",也不是放任不管的"市场性",而是在尊重市场为基础配置资源的前提下,发挥政府在旅游发展过程中的"方向性、平台性、指导性"作用。"方向性"体现在政府将旅游业发展纳入国民经济和社会发展规划、组织编制旅游发展规划方面(第十七条);"平台性"体现在政府加强旅游基础设施建设、旅游公共服务体系建设、旅游形象的推广方面(第二十四、二十五、二十六条);"指导性"体现在政府制定并组织实施旅游产业政策、推动区域旅游合作、引导旅游项目和产品的开发、旅游扶贫方面(第二十三条)。

4. 第四章　旅游经营(旅行社方面)

(1)将"旅游服务质量保证金"的适用范围扩大,可用于旅游者权益损害赔偿和垫付旅游者人身安全遇有危险时紧急救助的费用。①(第三十一条)

(2)对旅游活动中"购物"或者"另行付费旅游项目"等涉及游客权益的事项予以专门规定。(第三十五条)

《旅游法》第三十五条的规定并非限制旅游活动中购物活动的开展,而是要求旅行社在指定购物场所开展购物活动时,应与旅游者协商一致。如果在旅游团队中,有部分游客同意参与购物,有部分游客不同意,那么不能因为部分游客的购物活动而影响其他游客的行程安排。总的来看,旅行社如果安排具体购物场所或者另行付费旅游项目的,必须符合如下要求②:第一,不得以不合理的低价组织旅游活动,不得诱骗旅游者,也不得通过安排这些活动获取回扣等不正当利益。第二,必须与旅游者协商一致或者是应旅游者要求,否则,旅行社、导游或领队均不得指定具体购物场所,不得安排另行付费旅游项目;即使旅游者同意,也不得诈骗旅游者,不得通过安排这些活动获取回扣等不正当利益。第三,旅行社必须充分满足旅游者的知情权,就具体购物场所和另行付费旅游项目的情况,包括具体的名称、地点、时长、购物场所的主要商品或自费项目的主要内容,以及相关价格等情况,向旅游者作出真实、准确、详细的说明。第

---

①　《国家旅游局关于执行〈旅游法〉有关规定的通知》(旅发〔2013〕280号)规定:"使用旅游服务质量保证金对旅游者权益损害进行赔偿,按《旅行社条例》第十五、十六条的规定执行。旅游者人身安全遇有危险时,旅行社无力垫付紧急救助费用的,由旅行社提出申请,经对旅行社作出许可的旅游主管部门同意后,可使用旅游服务质量保证金垫付;旅行社拒不垫付的,由对旅行社作出许可的旅游主管部门决定。"

②　信息来源:"旅游局召开贯彻实施《旅游法》有关问题咨询会"(2013年9月10日),http://www.gov.cn/gzdt/2013-09/11/content_2486074.htm。

四,不得影响其他不参加相关活动的旅游者的行程安排,要对这部分旅游者的活动作出合理的安排。第五,不得将旅游者是否同意相关安排作为签约条件,旅游者不同意的,不得拒绝签订合同或者增加团费;旅游者同意的,也不得减少团费。

《旅游法》实施以来,旅游部门和企业对执行《旅游法》第三十五条有关规定,不同程度地存在着理解和执行不一致等问题,为此下发了《国家旅游局关于严格执行旅游法第三十五条有关规定的通知》(旅发〔2013〕362号),对该条款中提及的相关事项作出了解释说明和认定。①

(3)对"旅行社临时聘用导游"这一事项作了规定(第三十八条第2款)。

旅游业务存在着淡旺季,若淡季时旅行社聘请的导游过多,会增添旅行社的工资成本支出;反之,旺季时又存在着导游不够用的情形。在《旅游法》颁布之前,未曾有相应的法规对旅行社的临时聘用导游这一事项作出相关的规定。但《旅游法》第三十八条第2款则确认了旅行社临时聘用导游为旅游者提供服务的这一用工模式,但规定应当全额向导游支付导游服务费用。该条规定间接地确立了旅行社导游用工的分类制,即旅行社需长期聘用的导游和可临时聘用的导游两类:对需长期聘用的导游可采取签订正式的劳动合同的用工管理模式;对可临时聘用的导游,可在经导游隶属的机构同意后采取劳务雇佣协议的用工模式,或遵照导游注册的相关旅游行业组织制定的导游聘任制度施行。

5. 第五章 旅游服务合同

(1)对包价旅游合同包括的内容作了明确规定:比如规定应在包价旅游合同中明确约定"旅游团成团的最低人数"(第五十八条第1款第3项);旅游行程单也为旅游合同组成部分(第五十九条);包价旅游合同应该载明委托社与代理社、委托社与地接社的基本信息(第六十条)以及导游服务费用(第六十条第3款)。

(2)明确了订立包价旅游合同时,旅行社的告知义务。

(3)详尽规定了包价旅游合同的解除、合同终止、合同权利义务的转让以及合同责任事项。

---

① 《国家旅游局关于打击旅游活动中欺骗、强制购物行为的意见》(旅发〔2015〕217号)对"欺骗、强制旅游购物"行为的认定及处罚作了规定。2016年1月1日起施行的《浙江省旅游条例》第二十五、二十六、二十七条,针对旅游购物、另行付费旅游项目的开展也作出相关规定。

6. 第六章　旅游安全

（1）明确了县级以上人民政府应当建立旅游突发事件应对机制。（第七十八条）

（2）明确规定了旅游经营者的告知与警示，以及救助义务。（第八十、八十一条）

7. 第七章　旅游监督管理

该章明文规定了旅游主管部门监督检查的职责，提升了旅游主管部门执法的权威。

在《旅游法》颁布之前，旅游主管部门执法的依据主要是国务院颁布的《旅行社条例》《导游人员管理办法》《中国公民出国旅游管理办法》三部行政法规以及国家旅游局颁布的行政规章。但是上述执法的依据尚未上升到法律的层面，在面对消费者的投诉以及法律适用时，相关的投诉受理机构以及争议解决机构往往更多优先适用《消费者权益保护法》《反不正当竞争法》等法律。上述行政法规虽然规定了旅游企业违规的情形以及具体的处罚，但并没有规定旅游主管部门执法的权限、执法的程序等事项。比如《旅行社条例》虽然详细规定了旅行社违规的各种情形以及具体的处罚，但并没有在法条中列明旅游主管部门执法的具体职权以及执法中可采取的相关的强制措施。《旅游法》对此却作了详尽的规定，规定县级以上人民政府旅游主管部门有权对经营旅行社业务以及从事导游、领队服务是否取得经营、执业许可，旅行社的经营行为，导游和领队等旅游从业人员的服务行为等事项进行监督检查，并明确规定可以对涉嫌违法的合同、票据、账簿以及其他资料进行查阅、复制（《旅游法》第八十五条）；《旅游法》在授予旅游主管部门监督检查职权的同时，也赋予了旅游主管部门在执法中应该具备的责任与程序上的要求。比如，《旅游法》第八十六条规定了旅游监督检查的程序要求和保密义务。

8. 第八章　旅游纠纷处理

规定县级以上人民政府应当指定或者设立统一的旅游投诉受理机构。（第九十一条）

9. 第九章　法律责任

针对旅行社违法的各项情形，《旅游法》不光规定由旅游主管部门对旅行社予以处罚，还规定对直接负责的主管人员和其他直接负责的人员予以处罚。

（二）明确了国务院、文化和旅游部、各级人民政府、旅游主管部门及相关部门的职责和义务

各行政主体的职责和义务详见表1-1。

表1-1　各行政主体的职责和义务

序号	行政主体	相关条款	其职责、义务
1	国务院	国务院建立健全旅游综合协调机制,对旅游业发展进行综合协调（第七条第1款）	建立健全旅游综合协调机制
		国务院和县级以上地方人民政府应当将旅游业发展纳入国民经济和社会发展规划。 国务院和省、自治区、直辖市人民政府以及旅游资源丰富的设区的市和县级人民政府,应当按照国民经济和社会发展规划的要求,组织编制旅游发展规划。对跨行政区域且适宜进行整体利用的旅游资源进行利用时,应当由上级人民政府组织编制或者由相关地方人民政府协商编制统一的旅游发展规划（第十七条）	将旅游业发展纳入国民经济和社会发展规划;编制旅游发展规划
		国务院和县级以上地方人民政府应当制定并组织实施有利于旅游业持续健康发展的产业政策,推进旅游休闲体系建设,采取措施推动区域旅游合作,鼓励跨区域旅游线路和产品开发,促进旅游与工业、农业、商业、文化、卫生、体育、科教等领域的融合,扶持少数民族地区、革命老区、边远地区和贫困地区旅游业发展（第二十三条）	制定并组织实施旅游产业政策
		国务院和县级以上地方人民政府应当根据实际情况安排资金,加强旅游基础设施建设、旅游公共服务和旅游形象推广（第二十四条）	加强旅游资金投入
2	文化和旅游部	国家制定并实施旅游形象推广战略。国务院旅游主管部门统筹组织国家旅游形象的境外推广工作,建立旅游形象推广机构和网络,开展旅游国际合作与交流（第二十五条第1款）	统筹组织国家旅游形象的境外推广
		国务院旅游主管部门和县级以上地方人民政府应当根据需要建立旅游公共信息和咨询平台,无偿向旅游者提供旅游景区、线路、交通、气象、住宿、安全、医疗急救等必要信息和咨询服务。设区的市和县级人民政府有关部门应当根据需要在交通枢纽、商业中心和旅游者集中场所设置旅游咨询中心,在景区和通往主要景区的道路设置旅游指示标识（第二十六条第1款）	建立旅游公共信息和咨询平台
		国家建立旅游目的地安全风险提示制度。旅游目的地安全风险提示的级别划分和实施程序,由国务院旅游主管部门会同有关部门制定（第七十七条第1款）	制定旅游目的地安全风险相关方面的制度

旅游法律法规精读本

续　表

序　号	行政主体	相关条款	其职责、义务
3	县级以上人民政府	县级以上地方人民政府应当加强对旅游工作的组织和领导,明确相关部门或者机构,对本行政区域的旅游业发展和监督管理进行统筹协调(第七条第2款)	明确相关部门或者机构,对本行政区域的旅游业发展和监督管理进行统筹协调("授权条款")
		国务院和县级以上地方人民政府应当将旅游业发展纳入国民经济和社会发展规划。 国务院和省、自治区、直辖市人民政府以及旅游资源丰富的设区的市和县级人民政府,应当按照国民经济和社会发展规划的要求,组织编制旅游发展规划。对跨行政区域且适宜进行整体利用的旅游资源进行利用时,应当由上级人民政府组织编制或者由相关地方人民政府协商编制统一的旅游发展规划(第十七条)	将旅游业发展纳入国民经济和社会发展规划;编制旅游发展规划
		根据旅游发展规划,县级以上地方人民政府可以编制重点旅游资源开发利用的专项规划,对特定区域内的旅游项目、设施和服务功能配套提出专门要求(第十八条第2款)	可以编制重点旅游资源开发利用的专项规划
		各级人民政府应当组织对本级政府编制的旅游发展规划的执行情况进行评估,并向社会公布(第二十二条)	对旅游发展规划执行情况进行评估,并向社会公布
		国务院和县级以上地方人民政府应当制定并组织实施有利于旅游业持续健康发展的产业政策,推进旅游休闲体系建设,采取措施推动区域旅游合作,鼓励跨区域旅游线路和产品开发,促进旅游与工业、农业、商业、文化、卫生、体育、科教等领域的融合,扶持少数民族地区、革命老区、边远地区和贫困地区旅游业发展(第二十三条)	制定并组织实施旅游产业政策
		国务院和县级以上地方人民政府应当根据实际情况安排资金,加强旅游基础设施建设、旅游公共服务和旅游形象推广(第二十四条)	加强旅游资金投入
		县级以上地方人民政府统筹组织本地的旅游形象推广工作(第二十五条第2款)	统筹组织本地旅游形象推广

序　号	行政主体	相关条款	其职责、义务
3	县级以上人民政府	国务院旅游主管部门和县级以上地方人民政府应当根据需要建立旅游公共信息和咨询平台,无偿向旅游者提供旅游景区、线路、交通、气象、住宿、安全、医疗急救等必要信息和咨询服务。设区的市和县级人民政府有关部门应当根据需要在交通枢纽、商业中心和旅游者集中场所设置旅游咨询中心,在景区和通往主要景区的道路设置旅游指示标识。 旅游资源丰富的设区的市和县级人民政府可以根据本地的实际情况,建立旅游客运专线或者游客中转站,为旅游者在城市及周边旅游提供服务(第二十六条)	建立旅游公共信息和咨询平台;提供旅游必要信息和咨询服务;设置旅游咨询中心、设置旅游指示标识(根据需要);建立旅游客运专线或者游客中转站(根据实地实际)
		旅游者数量可能达到最大承载量时,景区应当提前公告并同时向当地人民政府报告,景区和当地人民政府应当及时采取疏导、分流等措施(第四十五条第2款)	旅游者数量超景区最大承载量时,采取应对措施
		县级以上人民政府统一负责旅游安全工作。县级以上人民政府有关部门依照法律、法规履行旅游安全监管职责(第七十六条)	统一负责旅游安全工作
		县级以上人民政府及其有关部门应当将旅游安全作为突发事件监测和评估的重要内容(第七十七条第2款)	旅游安全监测
		县级以上人民政府应当依法将旅游应急管理纳入政府应急管理体系,制定应急预案,建立旅游突发事件应对机制。 突发事件发生后,当地人民政府及其有关部门和机构应当采取措施开展救援,并协助旅游者返回出发地或者旅游者指定的合理地点(第七十八条)	建立旅游突发事件应对机制以及突发事件发生后开展救援
		县级以上人民政府应当组织旅游主管部门、有关主管部门和市场监督管理、交通等执法部门对相关旅游经营行为实施监督检查(第八十三条第2款)	组织相关部门联合执法
		县级以上地方人民政府建立旅游违法行为查处信息的共享机制,对需要跨部门、跨地区联合查处的违法行为,应当进行督办(第八十九条第1款)	建立旅游违法行为查处信息共享机制
		县级以上人民政府应当指定或者设立统一的旅游投诉受理机构。受理机构接到投诉,应当及时进行处理或者移交有关部门处理,并告知投诉者(第九十一条)	设立旅游投诉受理机构

序　号	行政主体	相关条款	其职责、义务
4	旅游主管部门	设立旅行社,招徕、组织、接待旅游者,为其提供旅游服务,应当具备下列条件,取得旅游主管部门的许可,依法办理工商登记: 　(1)有固定的经营场所; 　(2)有必要的营业设施; 　(3)有符合规定的注册资本; 　(4)有必要的经营管理人员和导游; 　(5)法律、行政法规规定的其他条件(第二十八条) 　旅行社可以经营下列业务: 　(1)境内旅游; 　(2)出境旅游; 　(3)边境旅游; 　(4)入境旅游; 　(5)其他旅游业务。 　旅行社经营前款第二项和第三项业务,应当取得相应的业务经营许可,具体条件由国务院规定(第二十九条)	旅行社业务经营许可
		景区开放应当具备下列条件,并听取旅游主管部门的意见: 　(1)有必要的旅游配套服务和辅助设施; 　(2)有必要的安全设施及制度,经过安全风险评估,满足安全条件; 　(3)有必要的环境保护设施和生态保护措施; 　(4)法律、行政法规规定的其他条件(第四十二条)	景区开放意见
		通过网络经营旅行社业务的,应当依法取得旅行社业务经营许可,并在其网站主页的显著位置标明其业务经营许可证信息(第四十八条第1款)	旅行社业务经营许可(网络方面)
		旅游经营者组织、接待出入境旅游,发现旅游者从事违法活动或者有违反本法第十六条规定情形的,应当及时向公安机关、旅游主管部门或者我国驻外机构报告(第五十五条)	接收出入境旅游报告
		县级以上人民政府旅游主管部门和有关部门依照本法和有关法律、法规的规定,在各自职责范围内对旅游市场实施监督管理(第八十三条第1款)	对旅游市场进行监督管理
		旅游主管部门履行监督管理职责,不得违反法律、行政法规的规定向监督管理对象收取费用。 　旅游主管部门及其工作人员不得参与任何形式的旅游经营活动(第八十四条)	相关不作为义务

续　表

序　号	行政主体	相关条款	其职责、义务
4	旅游主管部门	县级以上人民政府旅游主管部门有权对下列事项实施监督检查： （1）经营旅行社业务以及从事导游、领队服务是否取得经营、执业许可； （2）旅行社的经营行为； （3）导游和领队等旅游从业人员的服务行为； （4）法律、法规规定的其他事项。 旅游主管部门依照前款规定实施监督检查，可以对涉嫌违法的合同、票据、账簿以及其他资料进行查阅、复制（第八十五条）	监督检查
		旅游主管部门和有关部门依法实施监督检查，其监督检查人员不得少于二人，并应当出示合法证件。监督检查人员少于二人或者未出示合法证件的，被检查单位和个人有权拒绝。 监督检查人员对在监督检查中知悉的被检查单位的商业秘密和个人信息应当依法保密（第八十六条）	监督检查程序要求和保密义务
		县级以上人民政府旅游主管部门和有关部门，在履行监督检查职责中或者在处理举报、投诉时，发现违反本法规定行为的，应当依法及时作出处理；对不属于本部门职责范围的事项，应当及时书面通知并移交有关部门查处（第八十八条）	相应的处理和移转
		旅游主管部门和有关部门应当按照各自职责，及时向社会公布监督检查的情况（第八十九条第2款）	监督检查公示
		对旅行社、直接负责的主管人员和其他直接责任人员、导游、领队、旅游经营者予以行政处罚（第九章 法律责任）	行政处罚
5	其他	城镇和乡村居民利用自有住宅或者其他条件依法从事旅游经营，其管理办法由省、自治区、直辖市制定（第四十六条） 经营高空、高速、水上、潜水、探险等高风险旅游项目，应当按照国家有关规定取得经营许可（第四十七条）	规定不是很明确

旅游法律法规精读本

四、本章拓展解读

旅行社如何依照《旅游法》规范对客服务流程？

鉴于《旅游法》对旅行社业务招徕、接待以及经营管理等方面作了详尽具体的规定，旅行社应该规范对客服务的基本流程，严格按照规范化程序服务。其服务的基本流程大致可以确定如下。

首先，应询问旅游者相关信息，特别是个人健康信息，对于拟开展的旅游活动对旅游者个人健康信息有特定要求的，旅行社应谢绝身体素质不达标的旅游者的出游要求，并建议旅游者参与个人身体素质能承受的项目，对于残疾人、老年人、未成年人等旅游者参与的旅游项目，要在旅游过程中给予便利和优惠，督促服务人员采取相应的安全保证措施。对于获取的旅游者个人信息，一定要履行好保密职责，以防泄密。

其次，应与旅游者签订书面的旅游合同，并对合同涉及的"旅行行程安排；旅游团成团的最低人数；交通、住宿、餐饮等旅游服务安排和标准；游览、娱乐等项目的具体内容和时间；自由活动时间安排；旅游费用及其交纳的期限和方式；违约责任和解决纠纷的方式"等事项向旅游者作出详细的说明。在订立合同的同时，应当就旅游活动中涉及"旅游者不适合参与旅游活动的情形；旅游活动中的安全注意事项；旅行社依法可以减免责任的信息；旅游者应当注意的旅游目的地相关法律、法规和风俗习惯、宗教禁忌，依照中国法律不宜参加的活动"等事项向旅游者明确告知。在旅游行程开始前，还应向旅游者提供旅游行程单，提示旅游者可投保人身意外伤害保险。

再次，应做好出团前的准备工作。在出团前，存在着三种可能的变故：一是因旅游者未达到约定的成团最低人数，面临无法组团出游的；二是因旅游者发生替换或者旅游者请求变更旅游行程安排或要求解除合同的；三是因发生某类事件导致旅游合同无法继续履行的。对于上述情形的处理，《旅游法》第六十三、六十四条均作了相关的规定，这里不再赘述。在旅游合同的履行环节中，旅行社应依法选择合格的供应商提供服务，严格按照合同的约定做好吃、住、行、游、购、娱等各方面的接待和服务工作,涉及安排购物或者另行付费旅游项目时,须经旅行社与游客双方协商一致或者应旅游者要求,且不影响其他旅游者行程安排方可。在旅游活动的开展中,对涉及危及旅游者人身或财产安全的相关事项仍需向旅游者予以警示与告知。

最后,旅行社应做好旅游安全事故的预防,事故一旦发生,应妥善采取救助和处置措施。《旅游法》赋予旅游者在人身、财产安全遇有危险时,有请求救助和保护的权利,同时也规定旅游经营者采取必要的救助和处理措施的义务。旅游安全事故虽有多种情形,但无外乎由旅行社的违约、旅游者自身的原因、第三方(旅行社、旅游者之外的主体,比如履行辅助人等)的原因、不可抗力事件或各方当事人已尽到合理注意义务仍不能避免的事件(比如临时封航、封路等)等单一因素或合并造成。为妥善处理旅游安全事故,旅行社应当制定各项事故的紧急预案,一旦事故发生,应该及时给予旅游者救助,以免因救助不及时而导致自身责任的扩大。

旅游法律法规精读本

第二章　游客权益保护概述

一、游客概念的界定

目前,我国尚未通过立法对游客的概念作出界定。比较有代表性的概念来源于国家旅游局制定、国家统计局批准的《旅游统计调查制度》(国统制〔2011〕105 号)及修订版之规定,按其旅游统计基本概念和主要指标解释所载,游客指任何为休闲、娱乐、观光、度假、探亲访友、疗养、购物、参加会议或从事经济、文化、体育、宗教活动,离开常住国(或常住地)到其他国家(或地方),其连续停留时间不超过 12 个月,并且在其他国家(或地方)的主要目的不是通过所从事的活动获取报酬的人。游客不包括因工作或学习在两地有规律往返的人。

以上概念中提及的"常住国",是指一个人在近 1 年的大部分时间所居住的国家(或地区)或在这个国家(或地区)只居住了较短的时间,但在 12 个月内仍将返回的这个国家(或地区);"常住地①",是指一个常住国的居民,在近 1 年的大部分时间所居住的城镇或在这个城镇只居住了较短的时期,但在 12 个月内仍将返回的这个城镇。判定一个游客是国际游客还是国内游客不是根据这个游客的国籍而是根据他的常住国或常住地而定。

游客按出游时间分旅游者(过夜游客)和一日游游客(不过夜游客)。

国内旅游者,指中国(大陆)居民离开惯常(经常)居住地在境内其他地方的旅游住宿设施内至少停留一夜,最长不超过 12 个月的国内游客。国内旅游者应包括在中国(大陆)境内常住 1 年以上的外国人、港澳台同胞。但不包括到各

---

① 我国《最高人民法院关于适用〈中华人民共和国民事诉讼法〉的解释》(法定〔2015〕5 号)第四条规定:公民的经常居住地是指公民离开住所地至起诉时已连续居住 1 年以上的地方,但公民住院就医的地方除外。

地巡视工作的部以上领导、驻外地办事机构的临时工作人员、调遣的武装人员、到外地学习的学生、到基层锻炼的干部、到境内其他地区定居的人员和无固定居住地的无业游民。

国内一日游游客①，指国内居民离开惯常居住地一定距离出游时间不足 24 小时，并未在境内其他地方的旅游住宿设施过夜的国内游客。

二、游客权益法律法规列举

在我国，游客权益的相关规定散见于不同的法律、法规、司法解释的具体条款中。

(一)《中华人民共和国宪法》的规定

《中华人民共和国宪法》规定："中华人民共和国劳动者有休息的权利。""国家发展劳动者休息和休养的设施，规定职工的工作时间和休假制度。"②宪法是国家的根本大法，宪法的这些规定无疑为游客权益的法制化奠定了宪法基础。

(二)《中华人民共和国旅游法》的规定

《中华人民共和国旅游法》的规定列举如下。

第九条 旅游者有权自主选择旅游产品和服务，有权拒绝旅游经营者的强制交易行为。

旅游者有权知悉其购买的旅游产品和服务的真实情况。

旅游者有权要求旅游经营者按照约定提供产品和服务。

第十条 旅游者的人格尊严、民族风俗习惯和宗教信仰应当得到尊重。

第十一条 残疾人、老年人、未成年人等旅游者在旅游活动中依照法律、法规和有关规定享受便利和优惠。

第十二条 旅游者在人身、财产安全遇有危险时，有请求救助和保护的权利。

旅
游
法
律
法
规
精
读
本

---

① 有些地方统计标准在对国内一日游游客的认定上，要求国内居民离开惯常居住地 10 千米以上，出游时间超过 6 小时，不足 24 小时。

② 2007 年 12 月 7 日，国务院颁布《职工带薪年休假条例》，使得更多的职工有了外出旅游的机会。

旅游者人身、财产受到侵害的,有依法获得赔偿的权利。

第八十二条　旅游者在人身、财产安全遇有危险时,有权请求旅游经营者、当地政府和相关机构进行及时救助。

中国出境旅游者在境外陷于困境时,有权请求我国驻当地机构在其职责范围内给予协助和保护。

旅游者接受相关组织或者机构的救助后,应当支付应由个人承担的费用。

(三)《中华人民共和国消费者权益保护法》的规定

游客作为消费者,享有《中华人民共和国消费者权益保护法》(2013 年修正)规定的权利。

1.安全保障权

游客在购买、使用商品和接受服务时享有人身、财产安全不受损害的权利。

游客有权要求经营者提供的商品和服务,符合保障人身、财产安全的要求。

2.知情权

游客享有知悉其购买、使用的商品或者接受的服务的真实情况的权利。

游客有权根据商品或者服务的不同情况,要求经营者提供商品的价格、产地、生产者、用途、性能、规格、等级、主要成分、生产日期、有效期限、检验合格证明、使用方法说明书、售后服务,或者服务的内容、规格、费用等有关情况。

3.自主选择权

游客享有自主选择商品或者服务的权利。

游客有权自主选择提供商品或者服务的经营者,自主选择商品品种或者服务方式,自主决定购买或者不购买任何一种商品、接受或者不接受任何一项服务。

游客在自主选择商品或者服务时,有权进行比较、鉴别和挑选。

4.公平交易权

游客享有公平交易的权利。

游客在购买商品或者接受服务时,有权获得质量保障、价格合理、计量正确等公平交易条件,有权拒绝经营者的强制交易行为。

5.求偿权

游客因购买、使用商品或者接受服务受到人身、财产损害的,享有依法获得赔偿的权利。

6.结社权

游客享有依法成立维护自身合法权益的社会组织的权利。

7.知识获取权

游客享有获得有关消费和消费者权益保护方面的知识的权利。

消费者应当努力掌握所需商品或者服务的知识和使用技能,正确使用商品,提高自我保护意识。

8.受尊重权

游客在购买、使用商品和接受服务时,享有人格尊严、民族风俗习惯得到尊重的权利,享有个人信息依法得到保护的权利。

9.监督权

游客享有对商品和服务以及保护消费者权益工作进行监督的权利。

游客有权检举、控告侵害消费者权益的行为和国家机关及其工作人员在保护消费者权益工作中的违法失职行为,有权对保护消费者权益工作提出批评、建议。

(四)《旅行社条例实施细则》的规定

依据《旅行社条例实施细则》规定,在签订旅游合同时,旅游者可自主选择参加旅行社安排的购物活动或者需要旅游者另行付费的旅游项目。在旅游行程中,旅游者有权拒绝参加旅行社在旅游合同之外安排的购物活动或者需要旅游者另行付费的旅游项目。

(五)《旅游投诉处理方法》的规定

依据《旅游投诉处理办法》的规定,当游客认为旅游经营者损害其合法权益,有权请求旅游行政管理部门、旅游质量监督管理机构或者旅游执法机构(统称"旅游投诉处理机构"),对双方发生的民事争议进行处理的权利。

(六)《旅行社责任保险管理办法》的规定

依据《旅行社责任保险管理办法》的规定,保险事故发生后,旅行社对旅游者、导游或者领队人员应负的赔偿责任确定的,根据旅行社的请求,保险公司应当直接向受害的旅游者、导游或者领队人员赔偿保险金。旅行社怠于请求的,受害的旅游者有权就其应获赔偿部分直接向保险公司请求赔偿保险金。

(七)《最高人民法院关于确定民事侵权精神损害赔偿责任若干问题的解释》的规定

依据《最高人民法院关于确定民事侵权精神损害赔偿责任若干问题的解释》之规定,若旅游经营者在提供旅游服务过程中因侵权致游客精神损害,造成严重后果的,游客除要求侵权人承担停止侵害、恢复名誉、消除影响、赔礼道歉等民事责任外,还可以请求赔偿相应的精神损害抚慰金。

(八)《最高人民法院关于审理旅游纠纷案件适用法律若干问题的规定》的规定

根据《最高人民法院关于审理旅游纠纷案件适用法律若干问题的规定》第九条"旅游经营者、旅游辅助服务者泄露旅游者个人信息或者未经旅游者同意公开其个人信息,旅游者请求其承担相应责任的,人民法院应予支持",旅游者享有个人信息不被旅游经营者、旅游辅助服务者泄露的权利。

(九)《最高人民法院关于审理食品药品纠纷案件适用法律若干问题的规定》的规定

《最高人民法院关于审理食品药品纠纷案件适用法律若干问题的规定》第十六条规定:"食品、药品的生产者与销售者以格式合同、通知、声明、告示等方式作出排除或者限制消费者权利,减轻或者免除经营者责任、加重消费者责任等对消费者不公平、不合理的规定,消费者依法请求认定该内容无效的,人民法院应予支持。"

(十)《最高人民法院关于审理人身损害赔偿案件适用法律若干问题的解释》的规定

依照《最高人民法院关于审理人身损害赔偿案件适用法律若干问题的解释》第六条之规定,从事住宿、餐饮、娱乐等经营活动或者其他社会活动的自然人、法人、其他组织,未尽合理限度范围内的安全保障义务致使游客遭受人身损害的,游客有权请求其承担相应赔偿责任。

三、组团游客权益的维护

组团旅游是相对于散客旅游、自助旅游而言的,指游客通过与旅行社直接签订出游合同,全权委托旅行社为其提供服务的出游方式。组团旅游有如下特征:一是组团旅游有一定的人数限制,通常为 10 人以上;二是旅游全程始终在旅行社的安排下提供服务,包括委派导游,安排吃、住、行、游、购、娱等,组团旅游途中,直接向游客提供服务的当事人涉及机场、航空、旅馆、餐饮、景点景区、交通运输部门等。组团旅游过程中,游客与旅行社是平等主体间的合同法律关系,双方通过旅游合同就旅游环节相关事宜作出约定。导游是受旅行社委派聘请的员工,具体负责旅游中的组织、接待、讲解等相关服务。而直接向游客提供服务的旅馆、餐饮、景点景区等部门与旅行社之间往往有着较稳定的业务合作关系,并根据旅行社的要求为游客提供各项服务,这些部门提供的服务在游客与旅行社签订的出游合同中已经有明确约定。

实践中,游客出游往往是通过旅行社组团出游的,组团旅游成为旅行社提供旅游服务的主要依托形式。组团旅游消费不同于一般的面对面的服务消费形式,游客外出旅游往往是在生疏的环境、陌生的地域进行的,大都是先付款后消费,游客组团出游是否物有所值只有在旅游活动结束后才能体现,因此,游客跟一般消费者比较起来,其相对于经营者的弱势地位更明显。从组团出游的程序来看,游客首先是与组团旅行社签订旅游合同,这里会涉及游客合同维权问题;然后,游客接受旅游服务,这里涉及旅游商品、服务市场的监管与完善问题;接下来,一旦发生旅游纠纷或出现旅游安全事故,游客合法权益需要救济,这里涉及旅游安全与旅游纠纷处理机制的健全与有效问题。下面,分别从旅游合同、旅游市场、旅游安全三个环节①来探讨游客权益保护事宜。

(一)旅游合同的签订和履行

旅游合同,是游客与旅行社就整个旅游行程的相关事项达成一致意见而签

旅游法律法规精读本

---

① 但事实上,游客权益维护涉及环节并不仅是上述三个,还包括诸多环节,比如旅游景点景区的合理规划和安全设施的维护、地方旅游基础设施和旅游综合环境的改善、相关旅游管理体制的健全、游客自身维权法制意识的培育等都有助于促进游客权益的保护。

订的协议,《旅行社条例》第二十八条规定,旅行社为旅游者提供服务,应当与旅游者签订旅游合同并载明下列事项:

(1)旅行社的名称及其经营范围、地址、联系电话和旅行社业务经营许可证编号;

(2)旅行社经办人的姓名、联系电话;

(3)签约地点和日期;

(4)旅游行程的出发地、途经地和目的地;

(5)旅游行程中交通、住宿、餐饮服务安排及其标准;

(6)旅行社统一安排的游览项目的具体内容及时间;

(7)旅游者自由活动的时间和次数;

(8)旅游者应当交纳的旅游费用及交纳方式;

(9)旅行社安排的购物次数、停留时间及购物场所的名称;

(10)需要旅游者另行付费的游览项目及价格;

(11)解除或者变更合同的条件和提前通知的期限;

(12)违反合同的纠纷解决机制及应当承担的责任;

(13)旅游服务监督、投诉电话;

(14)双方协商一致的其他内容。

《旅游法》中规定包价旅游合同应当采用书面形式,其内容中还包括"旅游团成团的最低人数"这一项;此外,旅行社应当在旅游行程开始前向旅游者提供旅游行程单。旅游行程单是包价旅游合同的组成部分;旅行社委托其他旅行社代理销售包价旅游产品并与旅游者订立包价旅游合同的,应当在包价旅游合同中载明委托社和代理社的基本信息;旅行社将包价旅游合同中的接待业务委托给地接社履行的,应当在包价旅游合同中载明地接社的基本信息;安排导游为旅游者提供服务的,应当在包价旅游合同中载明导游服务费用。

旅游合同是游客与旅行社两个平等主体之间签订的民商合同,符合民事法律行为构成要件的相关要求,适用合同法的总则的相关规定。比如旅游合同生效要求主体适格,约定内容不违反法律强制性规定,合同签订双方意思表示一致等。旅游合同当事人主体的变更应符合合同债权让与或债务承担的相关要求,其违约责任承担方式也同一般合同无别。

旅游合同是否成立并生效、旅游合同约定的内容是否具体清楚、旅游合同该如何全面履行,都关系到游客权益的维护。下面分别就签约主体、合同条款、合同履行事宜作简要阐述。

1. 传染病患者或者重病患者能否签订旅游合同？他们是否有出游行为能力？

《中华人民共和国民法总则》规定自然人的民事权利能力一律平等，所以重病患者或者传染病患者跟普通人一样是具有出游权利的。至于是否具有出游民事行为能力则取决于当事人对自己的行为后果是否有判断能力即意思能力。重病患者和传染病患者都有意思能力，理应都具有出游行为能力，但考虑到传染病患者可能直接危害其他游客的身体健康，因此对传染病患者应限制其出游行为能力。但重病患者是否也具有出游行为能力，能够不被旅行社加以限制地签订出游合同，这点则引人争议。旅行社限制重病患者出游的理由可归纳为两点：一是基于对游客自己身体健康的保护。2001年9月1日起施行的《旅行社投保旅行社责任保险规定》第六条规定："旅游者参加旅行社组织的旅游活动，应保证自身身体条件能够完成旅游活动。旅游者在旅游行程中，由自身疾病引起的各种损失或损害，旅行社不承担赔偿责任。"由此法条推之，当旅行社明知旅游者身患重病，其自身身体条件不能够完成旅游活动时，则可以限制其参加旅行社组织的旅游活动。二是基于旅游目的之所在。通说认为旅游者出游是为了一份难得的经历，这份经历会给旅游者很好的精神享受。如果让重病患者与其他旅游者一同出游，难免影响到其他旅游者的旅游心境，达不到旅游的根本目的。另一种观点认为重病患者应具有缔约能力，不应该被限制组团出游。其理由归纳为两点：一是重病患者明知道自己身体状况不适合还去参加旅游活动，实际上是对自身健康权的一种支配行为，由此引起的相关损失或损害，理应由自身承担。从这一角度来看，符合《旅行社投保旅行社责任保险规定》第六条之规定。二是游客外出旅游目的不同于签订的旅游合同目的的实现。旅游合同目的的实现关键看旅行社提供的旅游服务如何，而与旅游目的相关的却是游客自身的偏好或出游动机，与身患重病者同游的游客不能因为旅游目的达不到就认定旅行社存在合同责任，进而主观臆测把合同责任归结到与重病患者一同出游这一因素上。

综上，为更好地维护游客的权益，旅行社应该做好提醒告知义务，尽量使参与旅游活动的身体条件等方面的事宜在旅游合同中有所体现。

2. 旅游合同的条款内容有何要求？

《旅行社条例》和《旅游法》已经就旅游合同应包括的事项作了规定，除此外，结合旅游活动实际情况，一份完整的旅游合同还可以规定旅游保险事宜。旅游保险分为旅行社责任保险和旅游意外保险。旅行社责任保险作为强制保险，旅行社都必须投保，《旅行社投保旅行社责任保险规定》第十六条规定："旅行社投保旅行社责任保险的保险费,不得在销售价格中单独列项。"由此可知,这部分保险费只能由旅行社自己承担,不能转嫁给游客。旅游意外保险是自愿保险,即是否投保由游客自行决定,且保险只能从保险公司或合法保险代理人处购买。可见,旅行社应该在旅游合同中将游客意外事故保险的保险费用与旅游线路本身的价格单列开来。旅游合同的内容事项除了应完整外,其相关的条款文字还应明确、清楚。比如,双方约定按三星级标准住宿,这一约定即是模糊的、含歧义的。普遍来看,市区的三星级饭店与城郊的三星级饭店价格是相差很大的;此外,按照三星级标准建造与标准的三星级旅游饭店并不等同。

综上,旅游合同涉及吃、住、行、游、购、娱等诸多环节,为更好地维护游客的权益,旅游合同规定的事项应该尽量完整,条款内容应该尽量明确、清楚、无歧义。

3.旅游合同该如何全面地履行?

旅游合同一旦签订后,履行过程中,双方不得任意变更或解除,变更或解除合同需要符合法定要求。在实际操作中,旅游合同的变更或解除往往基于如下原因:一是发生不可抗力,比如突降暴风雪使得飞机不能按时起飞,影响到了旅游行程安排;对于不可抗力等不可归责于旅游经营者的客观原因导致旅游合同无法履行的,旅游经营者与游客之间均不存在违约责任,对于尚未实际发生的旅游费用,游客可以请求旅游经营者退还。二是双方协商一致,比如全体旅客与旅行社协商一致变更旅游线路。值得注意的是,旅游合同的履行有个鲜明的特点,就是游客是在导游人员的引导下完成旅游行程的。因此,导游人员在履行合同的过程中起着重要的作用。《导游人员管理条例》第十三条第 2 款规定"导游人员在引导旅游者旅行、游览过程中,遇有可能危及旅游者人身安全的紧急情形时,经征得多数旅游者的同意,可以调整或者变更接待计划,但是应当立即报告旅行社"。本来,旅游合同是游客和旅行社之间签订的,导游人员只是受旅行社委派提供导游服务,导游无私自变更旅游合同的权利,但该法条却赋予了导游人员调整或变更接待计划权,成为旅游合同履行的特别之处。

总的来看,旅游合同的履行要本着诚实、守信的原则,全面地去履行,未经全体游客与旅行社协商一致,旅游合同一般不得任意变更、解除。

(二)旅游市场的规制与完善

旅游市场,是指旅游商品、旅游服务交换的场所以及产生的关系。游客的消费行为是在旅游市场中发生的,旅游市场的完善与否影响到游客权益的实现。比如旅行社以低于成本的价格销售服务的不正当竞争行为,会导致服务质量降低,最终损害游客的权益。旅游市场实行什么样的准入制度、旅游市场秩序如何维护、旅游市场的价格如何规制均影响到游客的权益的维护。

1. 完善旅游经营者的市场准入制度

旅行社业是特许经营行业,按照《旅行社条例》规定,设立旅行社必须经过旅游行政主管部门的许可,授予许可证后,工商部门才会颁发营业执照。① 至于通过挂靠或承包其他旅行社的门市部或某项业务直接接待、招徕游客的旅游经营者,则属于旅游市场的非法进入者,这种旅游经营者因自身条件存在缺陷,不符合旅游市场准入的基本要求,在提供旅游服务时,难免损害到游客的权益。一般来说,对旅游市场准入制度的设计往往基于如下几方面的考虑:一是基于旅游行业本身发展的要求。比如针对我国旅行社业企业数目过多,有实力、竞争力强、规模大的旅行社少的现状,《旅行社条例实施细则》对旅行社设立分社规定了严格的条件。二是基于旅游服务性质上的考虑。旅游服务不同于生产商生产的产品,可由经销商异地销售,而且生产者的产品质量责任受到《中华人民共和国产品质量法》的约束。旅游服务具有很强的人身属性,由旅游经营者面对面地向游客提供旅游服务,如果不对旅游服务提供者规定严格的要求,则难以保证旅游服务的质量。比如对饭店业,专门制定了《旅游饭店星级的划分与评定》,对景点景区制定了《旅游区(点)质量等级的划分与评定》。三是基于对外交流,政府承诺的考虑。比如就旅行社业外国投资者的市场准入来说,先是只能在国家级度假区开办,然后是中外合资的试点,接下来规定了外商投资旅行社业的条件。综上,只有通过完善旅游经营者的市场准入制度,让那些合格的旅游经营者为游客提供服务,游客的权益才能得到基本的保障。

2. 制止旅游经营者的不正当竞争行为

旅游经营者的不正当竞争行为,是指旅游经营者违反《中华人民共和国反不正当竞争法》的规定,损害其他经营者和消费者的合法权益,扰乱社会经济秩序的行为。比如:旅游经营者在账外暗中给予导游人员回扣的行为;旅游经营者包装组合其他旅游经营者畅销的知名的旅游线路的行为;旅游经营者利用广告对旅游产品作引人误解的虚假宣传的行为;旅游经营者为吸引游客,排挤其他经营者,以低于正常往返的交通运输费用的价格出售旅游产品的行为;旅游经营者利用非正当途径获取其他旅游经营者的客户名单、货源情报等商业秘密

旅游法律法规精读本

---

① 行政审批改革后,旅行社业务经营许可证的颁发已改为后置审批。

的行为等。这些行为违反了自愿、平等、公平、诚实信用的原则或者违背了公认的商业道德,损害了其他旅游经营者和游客的合法权益,扰乱了社会经济秩序,因而应当受到制止。对于旅游经营者采取的恶性降价、低于成本的不正当竞争行为,其换来的是提供的旅游产品的质量的降低,最终损害的还是游客的权益,因此只有制止旅游经营者的不正当竞争行为,构建健康、有序的旅游市场环境,才能从根本上保证游客权益。

3.规范旅游市场的价格

旅游市场价格的不规范、不合理(比如虚假标价、有歧义的标价、不完全的标价、价格歧视等)会直接侵犯到游客的合法权益。一般来说,旅游交易是在旅游经营者与游客之间自愿互利的基础上产生的,很少有强迫交易行为。游客之所以产生商品价格与商品价值的认识错误,接受价值不符的商品,导致自身权益受损,往往是基于心理和信息不对称的情况。游客受旅游目的地吸引而出游,到了目的地之后,总想购买些当地的物品作为纪念,于是产生浓厚的购买欲。在这样的心理条件下,就是明知商品价格与商品价值不符,也愿意购买;游客大多对旅游目的地比较陌生,他们不可能充分了解旅游目的地的各种信息,对旅游市场价格掌握能力有限,而旅游经营者也是尽量隐瞒市场价格的真实情况,游客的购买行为就产生在这种信息不对称的环境下。但游客今后一旦得知该商品的价格明显过高或者知道该商品并非旅游目的地特产,甚至在本地也能以较低价格购买得到后,就会产生受欺诈感,无疑会对旅游目的地产生负面的评价,影响到良好旅游形象的塑造。总的来看,规范旅游市场价格,维护游客的权益主要靠制度的完善和游客消费意识的提高。一是应该细化《中华人民共和国价格法》(以下简称《价格法》)中的内容,或者根据《价格法》制定专门针对旅游市场价格的相关制度。二是随着对"旅游消费定点"制度的放开,应加强物价监督部门对旅游市场价格的监管。三是抓好旅游经营者价格信用制度的建设和增强游客消费意识的提升。

综上,市场准入制度是针对旅游经营者自身而言的,一个不合格的旅游经营者必定会损害到游客的权益;反不正当竞争行为是针对旅游经营者之间来说的,通过对旅游服务提供者之间的不正当竞争行为的规制,构建一个健康有序的市场环境来更好地保护游客的合法权益;规范旅游市场的价格是从旅游经营者与游客之间面对面交易的角度来看如何保护游客合法权益的。总的来说,就是要通过合格的旅游市场主体、良好的旅游市场秩序、完善的旅游价格机制,来保护游客的合法权益。

(三)注重旅游安全,维护游客权益

旅游安全事故,指的是旅游过程中出现的人身或财产损害事故,旅游安全是旅游业持续、健康、稳定发展的基础,关系到一个国家或地区良好旅游形象的塑造。

我国一贯重视旅游安全立法工作。1990年,国家旅游局制定《旅游安全管理暂行办法》,该法对旅游安全处理方针,旅游安全的种类以及处理的一般原则作了说明。1998年,国家旅游局针对漂流安全事故制定了《漂流旅游安全管理暂行办法》。此外,1987年,公安部发布《旅馆业治安管理办法》,对旅馆业的治安管理做出了明确的规定。2016年12月1日起施行的《旅游安全管理办法》规定了国家建立旅游目的地安全风险(以下简称"风险")提示制度。根据可能对旅游者造成的危害程度、紧急程度和发展态势,风险提示级别分为一级(特别严重)、二级(严重)、三级(较重)和四级(一般),分别用红色、橙色、黄色和蓝色标示。《旅游安全管理办法》同时在第六章附则中明文规定根据旅游突发事件的性质、危害程度、可控性以及造成或者可能造成的影响,一般将旅游突发事件分为特别重大、重大、较大和一般四级,并对各级别包括的情形作了明确的说明。总的来看,我国旅游安全管理工作是有法可依的,近些年的旅游安全工作也取得了较大成绩。但现实中,旅游安全事故的处理,实际适用的是其他法规和非旅游安全事故处理程序,立法注重的也还是传统旅游安全事项。比如发生旅游安全交通事故,处理程序适用一般交通事故处理机制;对于特别重大旅游安全事故,适用的是国务院发布的《特别重大事故调查程序暂行规定》;对于涉外旅游安全事故,往往按照涉外程序办理;对于入住饭店的旅客人身财产安全,并无专门饭店业立法加以保护,饭店承担责任也还只是限制在民事领域;对于旅游支付安全,也并无专门立法加以保护。

旅游安全工作以及事故的处理,直接关系到游客的人身财产安全。总的来说,加强旅游安全工作应做好如下几点:一是重视特种旅游项目的旅游安全问题,比如潜水、滑翔等旅游项目;二是要把旅游安全与旅游救援、旅游保险相互结合起来,全方位的保障旅游者人身财产安全;三是要加强与公安、边防、海关、外交等相关部门的合作,形成一套完整有效的处理协作机制;四是强化旅游相关主体安全意识的培养。

旅游法律法规精读本

四、本章拓展解读

游客疑似"食物中毒"症状的应对与防范

食物中毒是指摄入了含有生物性、化学性有毒有害物质的食品或者把有毒有害物质当作食品摄入后出现的非传染性（不属于传染病）的急性、亚急性疾病。食品安全事故包括食物中毒这种情形。

食物中毒的主管部门是食品药品监督管理部门，也就是现在的市场监管部门（原来的工商局主管）。按照《食品药品投诉举报管理办法》，食品药品监督管理部门接到食品安全事故的报告后，应当立即同同级卫生行政、质量监督、农业行政等部门进行调查处理，并采取封存可能导致食品安全事故的食品及其原料，并立即进行检验等多项措施，防止或者减轻社会危害。

发生食品安全事故，县级以上疾病预防控制机构应当对事故现场进行卫生处理，并对与事故有关的因素开展流行病学调查，有关部门应当予以协助。县级以上疾病预防控制机构应当向同级食品药品监督管理、卫生行政部门提交流行病学调查报告。"食物中毒"的最终认定，是由调查机构综合分析以上的人群流行病学调查、危害因素调查和实验室检验结果后，依照相应标准和相关要求，作出食物中毒事故调查结论。

实践中，游客发生上吐下泻、腹痛、腹泻、恶心、呕吐等症状，可能就是食物中毒的症状，也可能是食物过敏，或者游客自身身体健康原因造成的。未经调查认定，不应主观臆测认为是"食物中毒"，以免引起恐慌与不安。

在旅游过程中，为避免疑似"食物中毒"事件的发生，组团的旅行社首先应选择有经营资质、卫生条件好、信誉度较高的餐饮部门为团队客人提供辅助服务，并与其签署旅游团队用餐合同，明确各自责任；其次应积极主动地告知旅游者旅游目的地餐饮注意事项，以免游客发生误食、过敏等情况；最后，若"食物中毒"事件不幸发生，旅行社一方面应积极采取应急救治措施，安抚好游客情绪，另一方面应尽量配合执法部门提供和收集事故标本和样品标准（具体见表2-1），同时留存相关证据，以便今后向责任方追偿和向保险公司理赔。

表 2-1　常见的食品安全事故标本和样品采集类型

样本来源	可采集的标本和样品类型
病人	粪便、尿液、血液、呕吐物、洗胃液、肛拭子、咽拭子
从业人员	粪便、肛拭子、咽拭子、皮肤化脓性病灶标本
可疑食品	可疑食品剩余部分及同批次产品、半成品、原料 加工单位剩余的同批次食品,使用相同加工工具、同期制作的其他食品 使用相同原料制作的其他食品
食品制作环境	加工设备、加工用具、容器、餐饮具上的残留物或物体表面涂抹样品或冲洗液样品;食品加工用水
其他	由毒蕈、河豚等有毒动植物造成的中毒,要搜索废弃食品进行形态鉴别

旅
游
法
律
法
规
精
读
本

第三章　旅行社业法规制度

一、旅行社业立法概况

　　为了加强对旅行社的管理，保护旅行者的合法权益，促进旅游事业发展，1985 年 5 月 11 日，国务院颁布《旅行社管理暂行条例》，该条例按经营业务范围的不同将旅行社分为三类：第一类为经营对外招徕或接待外国旅游者及华侨、香港、澳门、台湾同胞来中国、归国或回内地旅游业务的旅行社；第二类为不对外招徕，只经营接待第一类旅行社或其他涉外部门组织的外国旅游者及华侨、香港、澳门、台湾同胞来中国、归国或回内地旅游业务的旅行社；第三类为经营中国公民在国内旅游业务的旅行社。该条例对开办经营第一类、第二类、第三类旅行社的条件和申请开办程序、审批等事项作了规定。为了贯彻《旅行社管理暂行条例》的规定，1988 年 6 月 1 日，国家旅游局颁布了《旅行社管理暂行条例施行办法》。

　　1996 年 10 月 15 日，国务院颁布了《旅行社管理条例》，该条例就旅行社的设立、经营、监督检查，以及罚则等内容作了规定。该条例第三条明确规定"旅行社，是指有营利目的，从事旅游业务的企业""旅游业务，是指为旅游者代办出境、入境和签证手续，招徕、接待旅游者，为旅游者安排食宿等有偿服务的经营活动"。该条例按照经营业务范围的不同，将旅行社分为国际旅行社和国内旅行社。国际旅行社的经营范围包括入境旅游业务、出境旅游业务、国内旅游业务。国内旅行社的经营范围仅限于国内旅游业务。1996 年 11 月 28 日，为实施《旅行社管理条例》，国家旅游局制定《旅行社管理条例实施细则》，该实施细则就旅行社的设立条件、旅行社的申报审批、旅行社的变更事项管理、旅行社分支机构的管理、旅游业务经营规则、旅游者的权益保护、对旅行社的监督检查、罚则等作了详尽规定。其后为了适应我国旅游业对外开放的需要，促进我国旅游业的发展，2001年12月11日国务院决定对《旅行社管理条例》作部分修改。

为了进一步加强对旅行社的管理，保障旅游者和旅行社的合法权益，维护旅游市场秩序，促进旅游业的健康发展。2009年2月20日，国务院颁布了《旅行社条例》[①]，该条例就旅行社的设立、外商投资旅行社、旅行社经营、监督检查以及法律责任等项目作了规定。该条例将旅行社定义为从事招徕、组织、接待旅游者等活动，为旅游者提供相关旅游服务，开展国内旅游业务、入境旅游业务或者出境旅游业务的企业法人。取消了原来国际旅行社与国内旅行社的法律划分。2009年4月3日，根据《旅行社条例》，国家旅游局制定了实施细则，后根据2016年12月6日国家旅游局第十七次局长办公会议审议通过以及2016年12月12日国家旅游局令第42号公布施行的《国家旅游局关于修改〈旅行社条例实施细则〉和废止〈出境旅游领队人员管理办法〉的决定》进行了修改。该实施细则就旅行社的设立与变更、旅行社的分支机构、旅行社经营规范、监督检查、法律责任等事项作了规定。该实施细则进一步明确了"招徕、组织、接待旅游者提供的相关旅游服务"包括的各项具体服务[②]，以及"国内旅游业务""入境旅游业务""出境旅游业务"的范畴界定。国家旅游局于2009年7月10日下发的《关于实施〈旅行社条例〉和〈旅行社条例实施细则〉有关问题的通知》就《旅行社条例》和《旅行社条例实施细则》相关条款的适用作了说明与解释。2010年11月24日国家旅游局下发的《关于印发〈关于促进旅行社业持续健康发展的意见〉的通知》就进一步促进我国旅行社业持续健康发展，提出若干意见。

除此以外，国家旅游局还制定并发布有《旅行社责任保险管理办法》《中外合资经营旅行社试点经营出境旅游业务监管暂行办法》等规章。

二、旅行社的设立

《旅游法》第二十八条规定，设立旅行社，招徕、组织、接待旅游者，为其提供

---

① 后根据2016年2月6日《国务院关于修改部分行政法规的决定》进行了第一次修订，根据2017年3月1日《国务院关于修改和废止部分行政法规的决定》进行了第二次修订。

② 实施细则规定，旅行社还可以接受委托，提供如下服务：(1)接受旅游者的委托，代订交通客票、代订住宿和代办出境、入境、签证手续等；(2)接受机关、事业单位和社会团体的委托，为其差旅、考察、会议、展览等公务活动，代办交通、住宿、餐饮、会务等事务；(3)接受企业委托，为其各类商务活动、奖励旅游等，代办交通、住宿、餐饮、会务、观光游览、休闲度假等事务。

旅游服务,应当具备下列条件,取得旅游主管部门的许可,依法办理工商登记:

(1)有固定的经营场所;

(2)有必要的营业设施;

(3)有符合规定的注册资本;

(4)有必要的经营管理人员和导游;

(5)法律、行政法规规定的其他条件。

依据《旅行社条例》及《旅行社条例实施细则》,申请设立旅行社,经营国内旅游业务和入境旅游业务的,应当向所在地省、自治区、直辖市旅游行政管理部门或者其委托的设区的市级旅游行政管理部门提出申请,并提交如下材料:

(1)设立申请书,内容包括申请设立的旅行社的中英文名称及英文缩写,设立地址,企业形式、出资人、出资额和出资方式,申请人、受理申请部门的全称、申请书名称和申请的时间;

(2)法定代表人履历表及身份证明;

(3)企业章程;

(4)经营场所的证明;

(5)营业设施、设备的证明或者说明;

(6)工商行政管理部门出具的《企业法人营业执照》。①

上述法条中,经营场所的要求为申请者拥有产权的营业用房,或者申请者租用的、租期不少于1年的营业用房,而且营业用房应当满足申请者业务经营的需要。

营业设施的要求为至少包括2部以上的直线固定电话;有传真机、复印机;具备与旅游行政管理部门及其他旅游经营者联网条件的计算机。

注册资本要求不少于30万元。

必要的经营管理人员,是指具有旅行社从业经历或者相关专业经历的经理人员和计调人员;必要的导游,是指有不低于旅行社在职员工总数20%且不少于3名、与旅行社签订固定期限或者无固定期限劳动合同的持有导游证的导游。

受理申请的旅游行政管理部门可以对申请人的经营场所、营业设施、设备进行现场检查,或者委托下级旅游行政管理部门检查。受理申请的旅游行政管

---

① 《国务院关于取消和调整一批行政审批项目等事项的决定》(国发〔2014〕27号)已将旅行社业务经营许可证核发、旅行社经营出境旅游业务资格审批改为后置审批,即先从市场监管登记部门领取营业执照,后向旅游主管部门获批旅行社经营许可、资格许可。

理部门应当自受理申请之日起 20 个工作日内作出许可或者不予许可的决定。予以许可的,向申请人颁发旅行社业务经营许可证;不予许可的,书面通知申请人并说明理由。

旅行社业务经营许可证不得转让、出租或者出借。①

旅行社应当自取得旅行社业务经营许可证之日起 3 个工作日内,在国务院旅游行政主管部门指定的银行开设专门的质量保证金账户,存入质量保证金,或者向作出许可的旅游行政管理部门提交依法取得的担保额度不低于相应质量保证金数额的银行担保。经营国内旅游业务和入境旅游业务的旅行社,应当存入质量保证金 20 万元。质量保证金的利息属于旅行社所有。旅行社存入、续存、增存质量保证金后 7 个工作日内,应当向作出许可的旅游行政管理部门提交存入、续存、增存质量保证金的证明文件,以及旅行社与银行达成的使用质量保证金的协议。

旅行社申请出境旅游业务的,应当向国务院旅游行政主管部门或者其委托的省、自治区、直辖市旅游行政管理部门提出申请,提交经营旅行社业务满 2 年,且连续 2 年未因侵害旅游者合法权益受到行政机关罚款以上处罚的承诺书和经工商行政管理部门变更经营范围的《企业法人营业执照》。经营出境旅游业务的旅行社,应当增存质量保证金 120 万元。受理申请的旅游行政管理部门应当自受理申请之日起 20 个工作日内作出许可或者不予许可的决定。予以许可的,向申请人换发旅行社业务经营许可证;不予许可的,书面通知申请人并说明理由。

旅行社变更名称、经营场所、法定代表人等登记事项或者终止经营的,应当到工商行政管理部门办理相应的变更登记或者注销登记,并在登记办理完毕之日起 10 个工作日内,持已变更的《企业法人营业执照》向原许可的旅游行政管理部门备案,换领或者交回旅行社业务经营许可证。旅行社终止经营的,应当在办理注销手续后,持工商行政管理部门出具的注销文件,向原许可的旅游行政管理部门备案。

---

① 旅行社准许其他企业、团队或者个人,以部门或者个人承包、挂靠的形式经营旅行社业务的,属于转让、出租或者出借旅行社业务经营许可证的行为。

三、旅行社的分支机构
（旅行社分社与旅行社服务网点）

依据《旅行社条例》及《旅行社条例实施细则》的规定，旅行社可设立不具备法人资格的分社和服务网点。

旅行社设立分社的，应当向分社所在地的工商行政管理部门办理设立登记，并自设立登记之日起3个工作日内向分社所在地与工商登记同级的旅游行政管理部门备案，提交下列文件：

（1）分社的《营业执照》；

（2）分社经理的履历表和身份证明；

（3）增存质量保证金的证明文件。

分社的经营场所、营业设施、设备，应当符合《旅行社条例》及《旅行社条例实施细则》规定的一般旅行社设立的条件的要求。分社的名称中应当包含设立社名、分社所在地地名和"分社"或者"分公司"字样。

旅行社每设立一个经营国内旅游业务和入境旅游业务的分社，应当向设立社质量保证金账户增存5万元；每设立一个经营出境旅游业务的分社，应当向设立社质量保证金账户增存30万元。

旅行社分社的设立不受地域限制，即分社可以在设立社所在行政区域内设立，也可以在全国范围内设立。但分社的经营范围不得超出设立分社的旅行社的经营范围。旅行社设立分社的数量，包括在同一区域、同一城市设立分社的数量，由旅行社根据经营服务的需要决定，旅游行政管理部门应该会同工商行政管理部门加强指导、规范。

旅行社服务网点是指旅行社设立的，为旅行社招徕旅游者，并以旅行社的名义与旅游者签订旅游合同的门市部等机构。服务网点应当在设立社的经营范围内，招徕旅游者、提供旅游咨询服务。

设立社可以在其所在地的省、自治区、直辖市行政区划内设立服务网点；设立在其所在地的省、自治区、直辖市行政区划外设立分社的，可以在该分社所在地设区的市的行政区域内设立服务网点。分社不得设立服务网点。

旅行社服务网点应当设在方便旅游者认识和出入的公众场所。服务网点的名称、标牌应当包括设立社名称、服务网点所在地地名等，不得含有使消费者误解为旅行社或者分社的内容，也不得作易使消费者误解的简称。旅行社服务网点应当接受旅行社的统一管理，不得从事招徕、咨询以外的活动。

设立社向服务网点所在地工商行政管理部门办理服务网点设立登记后，应当在 3 个工作日内，持下列文件向服务网点所在地与工商登记同级的旅游行政管理部门备案：

(1)服务网点的《营业执照》；

(2)服务网点经理的履历表和身份证明。

没有同级的旅游行政管理部门的，向上一级旅游行政管理部门备案。

旅行社分社及旅行社服务网点，均不具有法人资格，以设立分社、服务网点的旅行社的名义从事法律规定的经营活动，其经营活动的责任和后果，由设立社承担。

设立社对分社实行统一的人事、财务、招徕、接待制度规范，对服务网点实行统一管理、统一财务、统一招徕和统一咨询服务规范。设立社应当与分社、服务网点的员工，订立劳动合同。

旅游行政管理部门接受旅行社分社或服务网点备案时，对符合《旅行社条例》及《旅行社条例实施细则》相关规定的，向其发放《旅行社分社备案登记证明》或《旅行社服务网点备案登记证明》。

四、旅游服务质量保证金制度

（一）概　述

为加强对旅行社服务质量的监督和管理，保护旅游者的合法权益，保证旅行社规范经营，按照旅行社的经营特点，参照国际惯例，经国务院批准，1995 年 1 月 1 日，国家旅游局颁布《旅行社质量保证金暂行规定》及《旅行社质量保证金暂行规定实施细则》，对旅行社开始实行质量保证金制度。

旅行社质量保证金（《旅游法》第三十一条规定"旅行社应当按照规定交纳旅游服务质量保证金"，该条款将旅行社质量保证金变更名称为旅游服务质量保证金，下文均称"质保金"）是指根据《旅游法》及《旅行社条例》的规定，由旅行社在指定银行缴存或由银行担保提供的用于旅游服务质量赔偿支付和团队旅游者人身安全遇有危险时紧急救助费用垫付的资金。2009 年颁布的《旅行社条例》规定，经营国内旅游业务和入境旅游业务的旅行社，应当存入质保金 20 万元；经营出境旅游业务的旅行社，应当增存质保金 120 万元。旅行社每设立一个经营国内旅游业务和入境旅游业务的分社，应当向其质保金账户增存 5 万元；每设立一个经营出境旅游业务的分社，应当向其质保金账户增存 30 万元。

质保金实行专户管理，专款专用，所获利息全额归旅行社所有。当旅行社出现《旅行社条例》第十五条①规定的下列情形之一时，旅游行政管理部门可以使用旅行社的质保金：

（1）旅行社违反旅游合同约定，侵害旅游者合法权益，经旅游行政管理部门查证属实的；

（2）旅行社解散、破产或者其他原因造成旅游者预交旅游费用损失的。

《旅游法》第三十一条规定"旅行社应当按照规定交纳旅游服务质量保证金，用于旅游者权益损害赔偿和垫付旅游者人身安全遇有危险时紧急救助的费用"。《国家旅游局关于执行〈旅游法〉有关规定的通知》（旅发〔2013〕280 号）规定，旅游者人身安全遇有危险时，旅行社无力垫付紧急救助费用的，由旅行社提出申请，经对旅行社作出许可的旅游主管部门同意后，可使用质保金垫付；旅行社拒不垫付的，由对旅行社作出许可的旅游主管部门决定。

人民法院判决、裁定及其他生效法律文书认定旅行社损害旅游者合法权益，旅行社拒绝或者无力赔偿的，人民法院可以从旅行社的质保金账户上划拨赔偿款。

旅行社自交纳或者补足质保金之日起 3 年内未因侵害旅游者合法权益受到行政机关罚款以上处罚的，旅游行政管理部门应当将旅行社质保金的交存数额降低 50％，并向社会公告。旅行社可凭省、自治区、直辖市旅游行政管理部门出具的凭证减少其质保金。

（二）质保金存取相关规定

旅行社需要存缴质保金时，须持《营业执照》副本、《旅行社业务经营许可

---

① 国家旅游局颁布的《旅行社质量保证金赔偿暂行办法（1997 年）》（已由《旅游投诉处理办法》废止）规定，下列情形适用保证金赔偿案件的审理：(1)旅行社因自身过错未达到合同约定的服务质量标准的；(2)旅行社服务未达到国家标准或者行业标准的；(3)旅行社破产造成旅游者预交旅行费损失的。下列情形时不适用保证金赔偿案件的审理：(1)旅行社因不可抗力因素不能履行合同的；(2)旅游者在旅游期间发生人身财物意外事故的；(3)本办法第四条规定情形之外的其他经济纠纷；(4)超过规定的时效和期间的；(5)司法机关已经受理的。

证》副本到银行办理存款手续。存缴质保金的旅行社须与银行签订《旅行社质量保证金存款协议书》，并将复印件送许可的旅游行政管理部门备案。存款应不少于1年期，利息收入全部归旅行社所有。若银行提供质保金担保的，由银行向许可的旅游行政管理部门出具《旅行社质量保证金银行担保函》。银行担保期限不得少于1年。担保期届满前3个工作日，应续办担保手续。

当旅行社解散或破产清算、业务变更或撤减分社减交、3年内未因侵害旅游者合法权益受到行政机关罚款以上处罚而降低保证金数额50%等原因，需要支取质保金时，须向许可的旅游行政管理部门提出，许可的旅游行政管理部门审核出具《旅行社质量保证金取款通知书》。银行根据《旅行社质量保证金取款通知书》，将相应数额的质保金退还给旅行社。

当发生如上所述的《旅行社条例》第十五条规定的情形时，银行应根据旅游行政管理部门出具的《旅行社质量保证金取款通知书》及《旅游行政管理部门划拨旅行社质量保证金决定书》，经与旅游行政管理部门核实无误后，在5个工作日内将质保金以现金或转账方式直接向旅游者支付。

若人民法院判决、裁定及其他生效法律文书认定旅行社损害旅游者合法权益，旅行社拒绝或者无力赔偿的，银行则根据人民法院判决、裁定及其他生效法律文书执行。①

旅行社在旅游行政管理部门使用质保金赔偿旅游者的损失，或者依法减少质保金后，因侵害旅游者合法权益受到行政机关罚款以上处罚的，应当在收到旅游行政管理部门补交质保金的通知之日起5个工作日内补足质保金。

（三）质保金理赔标准

为提高旅游服务质量，规范旅行社经营，打击违法违规行为，保护旅游者合法权益，2011年4月12日，国家旅游局办公室下发了《关于印发〈旅行社服务质量赔偿标准〉的通知》（旅办发〔2011〕44号），明确今后在调解旅游纠纷时，以《旅行社服务质量赔偿标准》（以下简称《赔偿标准》）为调解赔偿依据。当旅行

---

① 2001年1月8日，最高人民法院下发的《最高人民法院关于执行旅行社质量保证金问题的通知》（法〔2001〕1号）规定，人民法院在执行涉及旅行社的案件时，遇有下列情形而旅行社不承担或无力承担赔偿责任的，可以执行旅行社质保金：(1)旅行社因自身过错未达到合同约定的服务质量标准而造成旅游者的经济权益损失；(2)旅行社的服务未达到国家或行业规定的标准而造成旅游者的经济权益损失；(3)旅行社破产后造成旅游者预交旅费损失；(4)人民法院判决、裁定及其他生效法律文书认定的旅行社损害旅游者合法权益的情形。除上述情形之外，不得执行旅行社质保金。同时，执行涉及旅行社的经济赔偿案件时，不得从旅游行政部门行政经费账户上划转行政经费资金。

社不履行合同或者履行合同不符合约定的服务质量标准,旅游者和旅行社对赔偿标准未作出合同约定的,旅游行政管理部门或者旅游质监执法机构在处理相关旅游投诉时,参照适用《赔偿标准》。具体规定如下。

(1)当不可抗力等不可归责于旅行社的客观原因或旅游者个人原因,造成旅游者经济损失的,旅行社不承担赔偿责任。

(2)旅行社与旅游者订立合同或收取旅游者预付旅游费用后,旅行社原因不能成行的,旅行社应在合理期限内通知旅游者,否则按下列标准承担赔偿责任。

国内旅游应提前7日(不含7日)通知旅游者,否则应向旅游者全额退还预付旅游费用,并按下述标准向旅游者支付违约金:出发前7日(含7日)至4日,支付旅游费用总额10%的违约金;出发前3日至1日,支付旅游费用总额15%的违约金;出发当日,支付旅游费用总额20%的违约金。

出境旅游(含赴台游)应提前30日(不含30日)通知旅游者,否则应向旅游者全额退还预付旅游费用,并按下述标准向旅游者支付违约金:出发前30日至15日,支付旅游费用总额2%的违约金;出发前14日至7日,支付旅游费用总额5%的违约金;出发前6日至4日,支付旅游费用总额10%的违约金;出发前3日至1日,支付旅游费用总额15%的违约金;出发当日,支付旅游费用总额20%的违约金。

(3)旅行社未经旅游者同意,擅自将旅游者转团、拼团的,旅行社应向旅游者支付旅游费用总额25%的违约金。解除合同的,还应向未随团出行的旅游者全额退还预付旅游费用,向已随团出行的旅游者退还未实际发生的旅游费用。

(4)在同一旅游行程中,旅行社提供相同服务,因旅游者的年龄、职业等差异增收费用的,旅行社应返还增收的费用。

(5)旅行社原因造成旅游者未能乘坐预定的公共交通工具的,旅行社应赔偿旅游者的直接经济损失,并支付直接经济损失20%的违约金。

(6)旅行社安排的旅游活动及服务档次与合同不符,造成旅游者经济损失的,旅行社应退还旅游者合同金额与实际花费的差额,并支付同额违约金。

(7)导游或领队未按照国家或旅游行业对旅游者服务标准提供导游或者领队服务,影响旅游服务质量的,旅行社应向旅游者支付旅游费用总额1%至5%的违约金,本赔偿标准另有规定的除外。

(8)旅行社及导游或领队违反旅行社与旅游者的合同约定,损害旅游者合法权益的,旅行社按表 3-1 所示对应赔偿标准承担赔偿责任。

表 3-1　旅行社及导游或领队违反合同约定的赔偿标准

赔偿原因	赔偿标准
擅自缩短游览时间、遗漏旅游景点、减少旅游服务项目的	旅行社应赔偿未完成约定旅游服务项目等合理费用,并支付同额违约金。遗漏无门票景点的,每遗漏一处旅行社向旅游者支付旅游费用总额 5% 的违约金
未经旅游者签字确认,擅自安排合同约定以外的用餐、娱乐、医疗保健、参观等另行付费项目的	旅行社应承担另行付费项目的费用
未经旅游者签字确认,擅自违反合同约定增加购物次数、延长停留时间的	每次向旅游者支付旅游费用总额 10% 的违约金
强迫或者变相强迫旅游者购物的	每次向旅游者支付旅游费用总额 20% 的违约金
旅游者在合同约定的购物场所所购物品系假冒伪劣商品的	旅行社应负责挽回或赔偿旅游者的直接经济损失
私自兜售商品	旅行社应全额退还旅游者购物价款

(9)旅行社违反合同约定,中止对旅游者提供住宿、用餐、交通等旅游服务的,应当负担旅游者在被中止旅游服务期间所订的同等级别的住宿、用餐、交通等必要费用,并向旅游者支付旅游费用总额 30% 的违约金。

五、旅行社责任保险制度

为了保障旅游者和旅行社的合法权益,促进旅游业的健康发展,2001 年 5 月 15 日,国家旅游局颁布了《旅行社投保旅行社责任保险规定》(以下简称《规定》),明确规定旅行社从事旅游业务经营活动,必须投保旅行社责任保险(在此之前,1990 年,要求入境旅游统一购买旅游意外保险;1997 年,强制旅行社为旅游者投保旅游意外保险;2001 年,统一规范为旅行社责任保险)。2006 年 6 月 15 日,国务院在《国务院关于保险业改革发展的若干意见》(国发〔2006〕23 号)中提到"在煤炭开采等行业推行强制责任保险试点,取得经验后逐步在高危行业、公共聚集场所、境内外旅游等方面推广";同年,中国保监会、国家旅游局联合下发《关于进一步做好旅游保险工作的意见》(保监发〔2006〕69 号),明确提出"统一投保旅行社责任险",引导旅行社责任保险不断创新。后于 2010 年 11 月 25 日,根据《中华人民共和国保险法》和《旅行社条例》(《旅行社条例》第三十八条规定"旅行社应当投保旅行社责任险。旅行社责任险的具体方案由国务院旅游行政主管部门会同国务院保险监督管理机构另行制定"),国家旅游局、中国保险监督管理委员会令第 35 号颁布了《旅行社责任保险管理办法》(以下简称《办法》),《办法》自 2011 年 2 月 1 日起开始施行,同时《规定》予以废止。

依据《办法》的规定,所称的旅行社责任保险,是指以旅行社因其组织的旅游活动对旅游者和受其委派并为旅游者提供服务的导游或者领队人员依法应当承担的赔偿责任为保险标的的保险。

旅行社责任保险具有如下特征。

(1)旅行社责任保险属于强制保险。所谓强制保险,是指法律、法规明确规定投保人必须向保险人投保的险种。《旅行社条例》第三十八条规定"旅行社应当投保旅行社责任险。旅行社责任险的具体方案由国务院旅游行政主管部门会同国务院保险监督管理机构另行制定"。《办法》第二条也规定"在中华人民共和国境内依法设立的旅行社,应当依照《旅行社条例》和本办法的规定,投保旅行社责任保险。"

(2)旅行社责任保险的保险责任,是以因旅行社的疏忽或过失引起的民事赔偿责任或者因发生意外事故旅行社应当承担的赔偿责任为保险对象的,既包括旅行社在组织旅游活动中依法对旅游者的人身伤亡、财产损失承担的赔偿责任,也包括对受旅行社委派并为旅游者提供服务的导游或者领队人员的人身伤亡承担的赔偿责任。①

(3)旅行社责任保险不同于旅游意外险。旅行社责任保险的投保人和受益人均为旅行社,而非旅游者,旅行社只有在获得游客同意的情形下,才能为游客订立旅游意外人身保险合同。旅行社意外险是任意险,可由游客自主选择投保,游客在从旅游意外险中获得保险赔偿后,仍然享有向旅行社提出索赔请求的权利。总的来看,旅行社责任险和旅游意外险相互补充,相得益彰。旅行社责任保险能最大限度地转移由于旅行社的疏忽或过失给旅行社带来的风险和危机,旅游意外险能弥补因旅游者个人过错导致的人身伤亡和财产损失。《旅

---

① 2001 年颁布的《规定》所称的旅行社责任保险,是指旅行社根据保险合同的约定,向保险公司支付保险费,保险公司对旅行社在从事旅游业务经营活动中,致使旅游者人身、财产遭受损害应由旅行社承担的责任,承担赔偿保险金责任的行为。在该概念中并无明确规定旅行社责任保险是否适用于旅行社委派的导游或者领队人员。

行社条例实施细则》第四十六条规定"为减少自然灾害等意外风险给旅游者带来的损害,旅行社在招徕、接待旅游者时,可以提示旅游者购买旅游意外保险。鼓励旅行社依法取得保险代理资格,并接受保险公司的委托,为旅游者提供购买人身意外伤害保险的服务。"

依照《办法》的规定,旅行社责任保险的保险期间为 1 年。旅行社投保旅行社责任保险,可以依法自主投保,也可以有组织统一投保(详见本章拓展解读:旅行社责任保险统保示范项目简介)。旅行社责任保险责任限额可以根据旅行社业务经营范围、经营规模、风险管控能力、当地经济社会发展水平和旅行社自身需要,由旅行社与保险公司协商确定,但每人人身伤亡责任限额不得低于 20 万元人民币。

六、旅行社公告制度

为规范有关旅行社的公告发布行为,加强对企业经营和旅游行政管理的指导服务,2010 年 12 月 17 日,国家旅游局下发了《关于印发〈旅行社公告暂行规定〉的通知》(旅办发〔2010〕185 号),对旅行社公告事项、公告项目内容及对应的公告颁布部门作出详细的规定,详见表 3-2。

表 3-2　旅行社公告事项列举

旅行社公告事项	公告项目内容	公告颁布部门
旅行社业务经营许可证的颁发、变更	颁发公告项目内容应该包括旅行社名称、许可证编号、出资人、法定代表人、经营场所、许可经营业务、许可文号。 变更公告项目内容应该包括旅行社许可证编号和变更前与变更后的名称、出资人、法定代表人、经营场所	由颁发旅行社业务经营许可证和办理旅行社业务经营许可证变更事项的旅游行政管理部门发布
旅行社业务经营许可证的注销、吊销	注销公告项目内容应该包括旅行社名称、许可证编号、经营场所。 吊销公告项目内容应该包括旅行社名称、许可证编号、主要负责人	办理注销旅行社业务经营许可证备案手续和作出吊销旅行社业务经营许可证决定的旅游行政管理部门发布

旅行社公告事项	公告项目内容	公告颁布部门
暂停旅行社旅游业务	应该包括旅行社名称、许可证编号、经营场所、暂停时间期限	由作出暂停决定的旅游行政管理部门发布
许可或暂停、取消旅行社经营出境旅游业务	许可公告项目内容应该包括旅行社名称、原许可证编号、新许可证编号、出资人、法定代表人、经营场所、许可文号。 暂停公告项目内容应该包括旅行社名称、许可证编号、经营场所、暂停时间期限。 取消公告项目内容应该包括旅行社名称、许可证编号、经营场所	由国家旅游局或其委托出境旅游业务许可的省、自治区、直辖市旅游行政管理部门发布
许可或暂停、取消旅行社经营边境旅游业务	许可公告项目内容应该包括旅行社名称、许可证编号、出资人、法定代表人、经营场所、许可文号。 暂停公告项目内容应该包括旅行社名称、许可证编号、经营场所、暂停时间期限。 取消公告项目内容应该包括旅行社名称、许可证编号、经营场所	由作出许可或暂停、取消决定的旅游行政管理部门发布
旅行社经营或暂停、停止经营赴台旅游业务	经营赴台公告项目内容应该包括旅行社名称、许可证编号、出资人、法定代表人、经营场所。 暂停经营赴台公告项目内容应该包括旅行社名称、许可证编号、经营场所、暂停时间期限。 停止经营赴台公告项目内容应该包括旅行社名称、许可证编号、经营场所	由海峡两岸旅游交流协会发布
旅行社分社、服务网点设立与撤销备案	分社设立备案公告项目内容应该包括分社名称、设立旅行社、备案登记证明编号、分社经营场所、分社经营业务。 服务网点设立备案公告项目内容应该包括服务网点名称、设立旅行社、备案登记证明编号、网点服务场所、网点服务范围。 分社撤销备案公告项目内容应该包括分社名称、设立旅行社、分社备案登记证明编号、分社经营场所。 服务网点撤销备案公告项目内容应该包括服务网点名称、设立旅行社、服务网点备案登记证明编号、网点服务场所	由接受分社、服务网点设立备案的旅游行政管理部门发布

旅行社公告事项	公告项目内容	公告颁布部门
旅行社委托代理招徕旅游者业务备案和撤销委托备案	委托代理招徕备案公告项目内容应该包括旅行社名称、委托旅行社、委托事项、委托期限。 撤销委托代理招徕备案公告项目内容应该包括旅行社名称、许可证编号、经营场所和委托旅行社	由接受委托代理招徕旅游者的旅行社所在地县级以上旅游行政管理部门发布
旅行社的违法经营行为	应该包括旅行社名称、许可证编号、法定代表人、处罚类型、处罚依据、处罚执行日期	由对旅行社违法经营行为进行查处并作出处罚决定的旅游行政管理部门发布
旅行社的诚信记录;旅游者对旅行社投诉信息	旅行社诚信记录公告项目内容应该包括旅行社名称、许可证编号、诚信记录信息。 旅游者对旅行社投诉信息公告项目内容应该包括旅行社名称、许可证编号、投诉信息	由被公告旅行社所在地县级以上旅游行政管理部门发布。各级旅游行政管理部门可以委托本级旅游质监执法机构发布旅游者对旅行社投诉信息公告
旅行社质保金交存、增存、补存、降低交存比例和被执行赔偿等情况	交存、增存、补存公告项目内容应该包括旅行社名称,许可证编号,交存、增存、补存数额,质保金总额。 降低交存比例公告项目内容应该包括旅行社名称、许可证编号、降低交存比例后保证金数额。 被执行赔偿公告项目内容应该包括旅行社名称、许可证编号、被执行赔偿数额、被执行赔偿后数额	由旅行社所在地县级以上旅游行政管理部门发布。旅行社质保金降低交存比例的公告,由旅行社所在地省、自治区、直辖市旅游行政管理部门发布
旅行社统计调查公报	项目内容和发布方式等,按照《旅游统计调查制度》《旅行社统计调查办法》的规定执行	由旅行社所在地县级以上旅游行政管理部门分级发布
旅行社年度报告	旅行社年度报告的项目内容和编制发布方式,根据《旅行社统计调查办法》,由国家旅游局和地方旅游行政管理部门决定,但不得公开单个旅行社企业的经营数据和不宜公开的其他信息	由国家旅游局和旅行社所在地旅游行政管理部门编制发布

旅游法律法规精读本

除《旅行社公告暂行规定》外,《旅游法》第八十九条规定了旅游主管部门应及时向社会公布旅游违法行为监督检查的情况。第一百零二条规定未取得导游证或者不具备领队条件而从事导游、领队活动的被旅游主管部门处罚的同时,应予以公告。第一百零八条规定,对违反《旅游法》规定的旅游经营者及其从业人员,旅游主管部门和有关部门应当记入信用档案,向社会公布。《旅行社条例》第十七条规定旅游行政管理部门依法作出减免旅行社质保金的决定时,应向社会公告。第四十二条规定旅游、工商、价格等行政管理部门应当及时向社会公告监督检查的情况。公告的内容包括旅行社业务经营许可证的颁发、变更、吊销、注销情况,旅行社的违法经营行为以及旅行社的诚信记录、旅游者投诉信息等。《旅行社条例实施细则》第十一条规定申请补发旅行社业务经营许可证及副本的,旅行社应当通过本省、自治区、直辖市范围内公开发行的报刊,或者省级以上旅游行政管理部门网站,刊登损毁或者遗失作废声明。此外,《旅游经营服务不良信息管理办法(试行)》还规定旅行社、景区以及为旅游者提供交通、住宿、餐饮、购物、娱乐等服务的经营者及其从业人员在经营服务过程中产生的不良信息应当按照依法公开、客观及时、公平公正的原则予以公布。

文化和旅游部与省、自治区、直辖市及设区的市的旅游行政管理部门,可以根据需要,汇总发布旅行社许可、变更、吊销、注销,分社和服务网点设立与撤销备案,质保金情况,委托代理招徕旅游者备案情况,旅游者投诉旅行社情况,旅行社诚信和违法经营行为等情况公告、公报或通报。

旅行社公告通过发布机关或其上级机关的政府网站发布,也可以在全国或本地区公开发行的报刊发布。发布机关对公告事项的真实性、完整性、准确性负责。

根据《旅行社条例实施细则》第五十四条的规定,《旅行社条例》第十七、四十二规定的各项公告,县级以上旅游行政管理部门应当通过本部门或者上级旅游行政管理部门的政府网站向社会发布。质保金存缴数额降低,旅行社业务经营许可证颁发、变更和注销的,国务院旅游行政主管部门或者省级旅游行政管理部门应当在作出许可决定或者备案后20个工作日内向社会公告。旅行社违法经营或者被吊销旅行社业务经营许可证的,由作出行政处罚决定的旅游行政管理部门,在处罚生效后10个工作日内向社会公告。旅游者对旅行社的投诉信息,由处理投诉的旅游行政管理部门每季度向社会公告。

七、旅行社的经营规范

(一)对外招徕方面

旅行社向旅游者提供的旅游服务信息必须真实可靠,不得作虚假宣传。

旅行社以互联网形式经营旅行社业务的,除符合法律、法规规定外,其网站首页应当载明旅行社的名称、法定代表人、许可证编号和业务经营范围,以及原许可的旅游行政管理部门的投诉电话。

为减少自然灾害等意外风险给旅游者带来的损害,旅行社在招徕、接待旅游者时,可以提示旅游者购买旅游意外保险。鼓励旅行社依法取得保险代理资格,并接受保险公司的委托,为旅游者提供购买人身意外伤害保险的服务。

旅行社不得以低于旅游成本的报价招徕旅游者。未经旅游者同意,旅行社不得在旅游合同约定之外提供其他有偿服务。

旅行社设立的办事处、代表处或者联络处等办事机构,不得从事旅行社业务经营活动。

(二)签订旅游合同方面

旅行社为旅游者提供服务,应当与旅游者签订旅游合同并载明法定的合同事项。

旅行社在与旅游者签订旅游合同时,应当对旅游合同的具体内容作出真实、准确、完整的说明。旅行社和旅游者签订的旅游合同约定不明确或者对格式条款的理解发生争议的,应当按照通常理解予以解释;对格式条款有两种以上解释的,应当作出有利于旅游者的解释;格式条款和非格式条款不一致的,应当采用非格式条款。

在签订旅游合同时,旅行社不得要求旅游者必须参加旅行社安排的购物活动或者需要旅游者另行付费的旅游项目。同一旅游团队中,旅行社不得由于下列因素,对个别旅游者提出与其他旅游者不同的合同事项:(1)旅游者拒绝参加旅行社安排的购物活动或者需要旅游者另行付费的旅游项目的;(2)因旅游者存在的年龄或者职业上的差异,旅行社对其提供了与其他旅游者相比更多的服务的,或者旅游者主动要求的除外。

　　旅行社应当在旅游行程开始前向旅游者提供旅游行程单。旅游行程单是包价旅游合同的组成部分。

　　订立包价旅游合同时,旅行社应当向旅游者告知下列事项:(1)旅游者不适合参加旅游活动的情形;(2)旅游活动中的安全注意事项;(3)旅行社依法可以减免责任的信息;(4)旅游者应当注意的旅游目的地相关法律、法规和风俗习惯、宗教禁忌,依照中国法律不宜参加的活动等;(5)法律、法规规定的其他应当告知的事项。

(三)安排与组织旅游活动方面

　　旅行社为旅游者安排或者介绍的旅游活动不得含有违反有关法律、法规规定的内容。旅行社不得安排含有损害国家利益和民族尊严内容的,含有民族、种族、宗教歧视内容的,含有淫秽、赌博、涉毒内容的活动。

　　旅行社招徕、组织、接待旅游者,其选择的交通、住宿、餐饮、景区等企业,应当符合具有合法经营资格和接待服务能力的要求。

　　旅行社需要将在旅游目的地接待旅游者的业务作出委托的,应当委托给旅游目的地具有相应资质的旅行社并签订委托接待合同。征得旅游者的同意,并与接受委托的旅行社就接待旅游者的事宜签订委托合同,确定接待旅游者的各项服务安排及其标准,约定双方的权利、义务。旅行社对接待旅游者的业务作出委托的,应当将旅游目的地接受委托的旅行社的名称、地址、联系人和联系电话,告知旅游者。旅行社将旅游业务委托给其他旅行社的,应当向接受委托的旅行社支付不低于接待和服务成本的费用;接受委托的旅行社不得接待不支付或者不足额支付接待和服务费用的旅游团队。

　　旅游行程开始前,当发生约定的解除旅游合同的情形时,经征得旅游者的同意,旅行社可以将旅游者推荐给其他旅行社组织、接待,并由旅游者与被推荐的旅行社签订旅游合同。未经旅游者同意的,旅行社不得将旅游者转交给其他旅行社组织、接待。

　　旅行社及其委派的导游人员和领队人员不得随意变更旅游内容安排行程①。在旅游行程中,当发生不可抗力,危及旅游者人身、财产安全,或者非旅行社责任造成的意外情形,旅行社不得不调整或者变更旅游合同约定的行程安

---

　　①　下列行为属于擅自改变旅游合同安排行程:(1)减少游览项目或者缩短游览时间的;(2)增加或者变更旅游项目的;(3)增加购物次数或者延长购物时间的。

排时,应当在事前向旅游者作出说明;确因客观情况无法在事前说明的,应当在事后作出说明。

旅行社对可能危及旅游者人身、财产安全的事项,应当向旅游者作出真实的说明和明确的警示,并采取防止危害发生的必要措施。发生危及旅游者人身安全的情形的,旅行社及其委派的导游人员、领队人员应当采取必要的处置措施并及时报告旅游行政管理部门;在境外发生的,还应当及时报告中华人民共和国驻该国使领馆、相关驻外机构、当地警方。

接受委托的旅行社违约,造成旅游者合法权益受到损害的,作出委托的旅行社应当承担相应的赔偿责任。作出委托的旅行社赔偿后,可以向接受委托的旅行社追偿。接受委托的旅行社故意或者重大过失造成旅游者合法权益损害的,应当承担连带责任。

(四)委派导游和领队人员方面

旅行社为接待旅游者委派的导游人员,应当持有国家规定的导游证。取得出境旅游业务经营许可的旅行社为组织旅游者出境旅游委派的领队,应当取得导游证,具有相应的学历、语言能力和旅游从业经历,并与委派其从事领队业务的旅行社订立劳动合同。旅行社委派的领队,应当掌握相关旅游目的地国家(地区)语言或者英语。

在旅游行程中,旅游者有权拒绝参加旅行社在旅游合同之外安排的购物活动或者需要旅游者另行付费的旅游项目。旅行社及其委派的导游人员和领队人员不得因旅游者拒绝参加旅行社安排的购物活动或者需要旅游者另行付费的旅游项目等情形,以任何借口、理由,拒绝继续履行合同、提供服务,或者以拒绝继续履行合同、提供服务相威胁。

旅行社应当将本单位领队信息及变更情况,报所在地设区的市级旅游行政管理部门备案。领队备案信息包括:身份信息、导游证号、学历、语种、语言等级(外语导游)、从业经历、所在旅行社、旅行社社会保险登记证号等。

(五)出境旅游方面

经营出境旅游业务的旅行社不得组织旅游者到国务院旅游行政主管部门公布的中国公民出境旅游目的地之外的国家和地区旅游。旅行社组织中国内地居民出境旅游的,应当为旅游团队安排领队全程陪同。

组团社组织旅游者出国旅游,应当选择在目的地国家依法设立并具有良好信誉的境外旅行社,并与之订立书面合同后,方可委托其承担接待工作。

旅游者在境外滞留不归的,旅行社委派的领队人员应当及时向旅行社和中华人民共和国驻该国使领馆、相关驻外机构报告。旅行社接到报告后应当及时向旅游行政管理部门和公安机关报告,并协助提供非法滞留者的信息。旅行社接待入境旅游发生旅游者非法滞留我国境内的,应当及时向旅游行政管理部门、公安机关和外事部门报告,并协助提供非法滞留者的信息。

组团社应当按照核定的出国旅游人数安排组织出国旅游团队,填写《中国公民出国旅游团队名单表》。组团社应当按照有关规定,在旅游团队出境、入境时及旅游团队入境后,将名单表分别交有关部门查验、留存。

(六)内部管理方面

1. 证照管理方面

旅行社及其分社、服务网点,应当将《旅行社业务经营许可证》《旅行社分社备案登记证明》或者《旅行社服务网点备案登记证明》,与营业执照一起,悬挂在经营场所的显要位置。

旅行社业务经营许可证不得转让、出租或者出借。

2. 人事劳动管理方面

旅行社聘用导游人员、领队人员应当依法签订劳动合同,并向其支付不低于当地最低工资标准的报酬。

旅行社不得要求导游人员和领队人员接待不支付接待和服务费用或者支付的费用低于接待和服务成本的旅游团队,不得要求导游人员和领队人员承担接待旅游团队的相关费用。

3. 档案管理方面

旅行社应当妥善保存《旅行社条例》规定的招徕、组织、接待旅游者的各类合同及相关文件、资料,以备县级以上旅游行政管理部门核查。合同及文件、资料的保存期,应当不少于 2 年。

旅行社不得向其他经营者或者个人,泄露旅游者因签订旅游合同提供的个人信息;超过保存期限的旅游者个人信息资料,应当妥善销毁。

(七)其他方面

旅行社违反旅游合同约定,造成旅游者合法权益受到损害的,应当采取必要的补救措施,并及时报告旅游行政管理部门。

旅行社应当投保旅行社责任险。旅行社责任险的具体方案由国务院旅游行政主管部门会同国务院保险监督管理机构另行制定。

八、本章拓展解读

旅行社责任保险统保示范项目(以下简称"统保示范项目")简介

旅行社依法必须投保旅行社责任保险,但若让每个旅行社都与保险公司去协商,自行签订保险合同,旅行社因其没有保险公司专业面临着弱势。为了更好地维护大多数旅行社的利益,国家旅游局实行了统保示范项目,该项目实施的一个着力点,就是让国家旅游局代表全国的旅行社,直接去跟保险公司谈,因为代表的旅行社较多,通过"保险大数法则"就可以让保险公司在保险条款上、在保险费率上作出让步,从而形成一个旅行社投保旅行社责任保险的有利条件。

从统保示范项目初期运作步骤(2009—2011)列表(见表 3-3)来看,示范项目是以三方框架协议、保险经纪服务协议、保险合同作为运作的法律依据的。

三方框架协议:由国家旅游局、江泰保险经纪公司、人保财险等 6 家保险公司作为三方当事人共同签署的《年度旅行社责任保险统保示范产品框架协议书》(以下简称"协议书"),在该协议书中,确定由江泰保险经纪公司为拟投保旅行社责任保险的旅行社提供保险经纪服务,由人保财险(份额 46%)、太平洋财险(份额 16%)、平安财险(份额 11%)、太平财险(份额 10%)、大地财险(份额 9%)和国寿财险(份额 8%)6 家保险公司共同承保,并大致规定了各方的权利与义务。

保险经纪服务协议:与江泰保险经纪公司签订年度的《旅行社责任保险统保示范项目保险经纪服务协议书》。江泰保险经纪公司作为经纪机构,主要是为投保人(旅行社)与保险公司提供中介服务,并按约定收取佣金。在统保示范项目中,主要是提供销售与代理保险理赔等服务的。

保险合同:与 6 家保险公司进行保险合同的谈判,最终确定年度具体的保险条款及保险费率。

表 3-3　该统保示范项目初期运作步骤(2009—2011)

时　间	事　件
2009 年 7 月	国家旅游局通过公开招标确定江泰保险经纪股份有限公司作为统保示范项目保险顾问
2009 年 10 月	统保示范项目的组织方通过竞争性保险合同谈判确定中国人民财产保险股份有限公司(份额 46%)为该项目的首席承保公司,与中国太平洋财产保险股份有限公司(份额 16%)、中国平安财产保险股份有限公司(份额 11%)、中国人寿财产保险股份有限公司(份额 8%)、中国大地财产保险股份有限公司(份额 9%)、太平财产保险有限公司(份额 10%)作为共保体承保该项目
2009 年 11 月	统保示范项目首席承保公司人保财险经过与江泰保险经纪公司、国家旅游局多次商讨最终确定示范项目保险条款,将示范项目保险条款报中国保监会备案获准通过
2009 年 12 月	国家旅游局综合协调司和人保财险、太平洋财险、平安财险、国寿财险、大地财险、太平财险 6 家共保公司以及江泰保险经纪公司在北京正式签署 2010 年度旅行社责任险统保示范项目三方框架协议,标志着统保示范项目进入实质操作阶段
2010 年 9 月 16 日至 17 日	23 个省推荐的 47 名旅行社代表、中国旅行社协会代表与江泰保险经纪公司举行了 2011 年度统保示范项目保险经纪服务合同谈判会议。 围绕协助投保、索赔、风险管控咨询、培训等方面与江泰保险经纪公司进行了为期 1 天的谈判,细化了经纪服务内容,确定了 2011 年度旅行社责任保险统保示范项目保险经纪服务协议书(示范文本)
2010 年 9 月 25 日至 27 日	19 个省推荐的 41 名旅行社代表、中国旅行社协会代表和相关行业专家与保险公司举行了 2011 年度统保示范项目保险合同谈判会议。参会代表推选出旅行社代表 10 人、保险专家 4 人、法律专家 2 人、行业专家 3 人组成的 19 人谈判小组,围绕保险责任、赔付机制、费率机制等方面与共保体 6 家保险公司进行了为期 2 天的艰苦、细致、深入的谈判,2011 年统保示范产品在费率基本不变的基础上,保险责任与服务内容更加明确并有所优化
2011 年 9 月 6 日至 8 日	国家旅游局在北京组织召开 2012 年旅行社责任保险统保示范项目保险经纪服务合同、保险合同谈判会议。经过 3 天的艰苦谈判,确定了统保示范项目经纪合同服务合同(示范文本)和保险合同及提供服务的保险机构数量、服务地区和份额。 经国家旅游局审核同意,于 2011 年 10 月 31 日与项目服务保险机构签署了 2012—2013 年度统保示范项目框架协议及保险经纪服务协议,确定 2012—2013 年度统保示范项目继续由江泰保险经纪公司提供保险经纪服务,由人保财险(份额 46%)、太平洋财险(份额 16%)、平安财险(份额 11%)、太平财险(份额 10%)、大地财险(份额 9%)和国寿财险(份额 8%)6 家保险公司共同承保

第四章　导游人员管理法规制度

一、导游人员(领队)的概念与分类

导游人员,是指取得导游证,接受旅行社委派,为旅游者提供向导、讲解及相关旅游服务的人员,包括全国导游、出境游领队和景点景区导游。这里"向导",一般是指为他人引路、带路;"讲解",是指为旅游者解说、指点风景名胜;"相关旅游服务",一般是指为旅游者代办各种旅行证件和手续,代购交通票据,安排旅行住宿、旅程、就餐等与旅行游览有关的各种活动。

领队(tour escort),是指受取得出境旅游业务经营许可的旅行社委派,全权代表该旅行社带领旅游团从事旅游活动的工作人员。他的职责主要是督促境外接待旅行社和导游人员等方面执行旅游计划。

《旅游法》第三十九条规定,从事领队业务,应当取得导游证,具有相应的学历、语言能力和旅游从业经历,并与委派其从事领队业务的取得出境旅游业务经营许可的旅行社订立劳动合同。

从事边境旅游领队业务的人员,应取得导游证,并与委托其从事领队业务的,取得边境旅游业务经营许可的旅行社订立劳动合同,学历、语言、从业经历等条件由边境地区、自治区结合本地实际另行规定。

从事大陆居民赴台湾地区旅游领队业务的人员,应符合《大陆居民赴台地区旅游管理办法》规定的要求。

旅行社应当按要求将本单位具备领队条件的领队信息及变更情况,通过全国旅游监管服务信息系统报旅游主管部门备案(赴台旅游暂不实施在线备案),领队应当对其填报、提供的学历、语言能力、从业经历等材料的真实性负责,旅行社应当严格审核领队填报、提供的有关材料。不具备领队条件的人员隐瞒有关情况或者提供虚假材料取得领队备案、从事领队业务的,由旅游主管部门对领队依照不具备领队条件从业、对旅行社依照委派不具备条件的领队的有关规定予以处理。

导游人员按服务范围分类可分为全程陪同导游人员和地方陪同导游人员等。

全程陪同导游人员(national guide)(简称"全陪"),是指受组团社①委派,作为其代表,监督接待社②和陪同导游员的服务,以使组团社的接待计划得以按约实施,并为旅游团(者)提供旅程陪同服务的导游人员。其职责主要是负责旅游团(者)移动中各环节的衔接,计划的实施,协调领队、地方陪同导游人员、司机等接待人员的关系。

地方陪同导游人员(local guide)(简称"地陪"),是指受接待社委派,代表接待社实施旅游行程接待计划,为旅游团提供当地导游服务的导游员。其职责主要是做好迎送工作,做好导游计划内的食宿、购物、文娱等活动。

依照《导游人员登记考核评定管理办法(试行)》的规定,将导游人员等级分为初级、中级、高级、特级四个等级。导游人员等级考核评定工作,按照"申请、受理、考核评定、告知、发证"的程序进行。中级导游员的考核采取笔试方式。其中,中文导游人员考试科目为"导游知识专题"和"汉语言文学知识";外语导游人员考试科目为"导游知识专题"和"外语"。高级导游员的考核采取笔试方式,考试科目为"导游案例分析"和"导游词创作"。特级导游员的考核采取论文答辩方式。

二、导游资格证与导游证

国家实行全国统一的导游人员资格考试制度。具有高级中学、中等专业学校或者以上学历,身体健康,具有适应导游需要的基本知识和语言表达能力的中华人民共和国公民(包括香港、澳门永久性居民中具有中国公民身份的港澳

---

① 这里的"组团社",并非仅指具有出国旅游业务经营资格的旅行社,泛指从事招徕、组织旅游者,并为国内旅游、入境旅游、出境旅游的旅游者提供全程导游服务的旅行社。依据《旅游法》第一百一十一条的解释,组团社是指与旅游者订立包价旅游合同的旅行社。

② 这里的"接待社",即为地接社,指接受组团社委托,实施组团社的接待计划,委派地方陪同导游员,安排旅游团(者)在当地参观游览等活动的旅行社。

居民），可以参加导游人员资格考试。

国务院旅游行政管理部门负责制定全国导游人员资格考试的政策、标准，组织导游资格统一考试，以及对地方各级旅游主管部门导游资格考试实施工作进行监督管理。省、自治区、直辖市旅游主管部门负责组织、实施本行政区域内导游资格考试具体工作。

按照《国家旅游局办公室关于完善"导游人员从业资格证书核发"行政审批事项有关工作的通知》（旅办〔2015〕202号）的规定，全国导游人员资格考试的考试科目为"政策法规""导游业务""全国导游基础知识""地方导游基础知识""导游服务能力"五科。

科目一："政策法规"，考试内容为党和国家的大政方针，旅游业发展方针政策及相关的法律法规，导游人员应该具备的法律、法规知识。

科目二："导游业务"，考试内容为导游人员职业道德规范，导游人员素质要求和行为规范，导游服务程序和内容、相关知识在导游服务中的应用。

科目三："全国导游基础知识"，考试内容为全国旅游行业通识知识。

科目四："地方导游基础知识"，考试内容为地方旅游知识。

科目五："导游服务能力"，考试内容为景点讲解、导游规范、应变能力和综合知识。外语类考生须用所报考语种的语言进行本科目考试并进行口译测试。

考试形式分笔试与现场考试两种，科目一、二、三、四为笔试，科目五为现场考试。其中科目一、二合并为1张试卷进行测试，考试时间为90分钟；科目三、四合并为1张试卷进行测试，考试时间为90分钟，其中科目四占比不少于50%。科目五中文类考生考试时间不少于15分钟，外语类考生考试时间不少于25分钟。

笔试科目采用机考，各地使用国家旅游局统一的计算机考试系统进行考试。现场考试由省级旅游主管部门根据现场考试工作标准组织本行政区域内考试。

考试结果以笔试成绩、现场考试成绩和总成绩分别划定分数线，笔试成绩、现场考试成绩和总成绩均满足划定分数线要求的为合格。

取得导游人员资格证，并与旅行社订立劳动合同或者在旅游行业组织①注册的人员，可以通过全国旅游监管服务信息系统向所在地旅游主管部门申请领取导游证。

---

① 是指依照《社会团体登记管理条例》成立的导游协会，以及在旅游协会、旅行社协会等旅游行业社会团体内设立的导游分会或者导游工作部门，具体由所在地旅游主管部门确定。

旅游法律法规精读本

导游证采用电子证件形式①,由国家旅游局制定格式标准,由各级旅游主管部门通过全国旅游监管服务信息系统实施管理。电子导游证以电子数据形式保存于导游个人移动电话等移动终端设备中。

申请取得导游证,申请人应当通过全国旅游监管服务信息系统填写申请信息,并提交下列申请材料:

(1)身份证的扫描件或者数码照片等电子版;

(2)未患有传染性疾病的承诺;

(3)无过失犯罪以外的犯罪记录的承诺;

(4)与经常执业地区的旅行社订立劳动合同或者在经常执业地区的旅游行业组织注册的确认信息。

前款第(4)项规定的信息,旅行社或者旅游行业组织应当自申请人提交申请之日起5个工作日内确认。

所在地旅游主管部门对申请人提出的取得导游证的申请,应当依法出具受理或者不予受理的书面凭证。需补正相关材料的,应当自收到申请材料之日起5个工作日内一次性告知申请人需要补正的全部内容;逾期不告知的,收到材料之日起即为受理。

所在地旅游主管部门应当自受理申请之日起10个工作日内,作出准予核发或者不予核发导游证的决定。不予核发的,应当书面告知申请人理由。

具有下列情形的,不予核发导游证:

(1)无民事行为能力或者限制民事行为能力的;

(2)患有甲类、乙类以及其他可能危害旅游者人身健康安全的传染性疾病的;

(3)受过刑事处罚的,过失犯罪的除外;

---

① 电子导游证与原IC卡导游证都是导游取得的从事导游执业活动的许可证件,但两者在核发、外观形态、载体、功能、使用和管理等方面存在显著区别。在核发方面,导游通过全国旅游监管服务平台申领,在旅游部门审批通过后即可自动生成"电子导游证",导游只需将相关证件保存在自己手机APP中即可,同时配套设计了卡片式"导游身份标识",作为工作标牌便于旅游者和执法人员识别。而IC卡导游证的制作周期长,程序相对复杂,核发、使用的时间成本也较高。在载体形态方面,电子导游证保存在导游个人移动电话等移动终端设备中,以电子数据形式存在,只要有手机等终端设备,即可随身携带。而原IC卡导游证虽然内含电子芯片,但非电子数据形态存在。在功能方面,电子导游证除了显示导游的基本信息之外,还能够存储导游的执业轨迹,记录导游的社会评价,体现导游的服务星级水平,拥有导游执业的完整数据库。而IC卡导游证只能体现导游姓名、性别、证号等一般性静态信息;在使用和管理方面,对于电子导游证,旅游者和旅游监管人员仅采用微信、APP扫描二维码的方式,即可与系统信息进行比对,甄别导游身份,防止导游与证件不匹配而非法从事导游业务等问题。对于IC卡导游证,只有监管人员采用专用的扫描设备才可读取导游基本信息,识别导游真伪。

（4）被吊销导游证之日起未逾 3 年的。

在中华人民共和国境内从事导游活动,必须取得导游证。导游证是持证人已依法进行中华人民共和国导游注册、能够从事导游活动的法定证件。

导游证的有效期为 3 年。导游需要在导游证有效期届满后继续执业的,应当在有效期届满前 3 个月内,通过全国旅游监管服务信息系统向所在地旅游主管部门提出申请,并提交相应的材料。

导游身份信息发生变化的,应当通过全国旅游监管服务信息系统提交相应材料,申请变更导游证信息。

当有下列情形之一的,所在地旅游主管部门应当撤销导游证:

（1）对不具备申请资格或者不符合法定条件的申请人核发导游证的;

（2）申请人以欺骗、贿赂等不正当手段取得导游证的;

（3）依法可以撤销导游证的其他情形。

当有下列情形之一的,所在地旅游主管部门应当注销导游证:

（1）导游死亡的;

（2）导游证有效期届满未申请换发导游证的;

（3）导游证依法被撤销、吊销的;

（4）导游与旅行社订立的劳动合同解除、终止或者在旅游行业组织取消注册后,超过 3 个月未与其他旅行社订立劳动合同或者未在其他旅游行业组织注册的;

（5）取得导游证后出现《导游管理办法》第十二条第（1）项至第（3）项情形的;

（6）依法应当注销导游证的其他情形。

导游证被注销后,导游符合法定执业条件需要继续执业的,应当依法重新申请取得导游证。

导游的经常执业地区①应当与其订立劳动合同的旅行社（含旅行社分社）或者注册的旅游行业组织所在地的省级行政区域一致。

导游证申请人的经常执业地区在旅行社分社所在地的,可以由旅行社分社所在地旅游主管部门负责导游证办理相关工作。

---

① 是指导游连续执业或者 3 个月内累计执业达到 30 日的省级行政区域。

三、导游执业管理与执业保障

　　为了规范导游活动,加强导游队伍建设,保障旅游者和导游人员的合法权益,依据《导游人员管理条例》(1999 年 5 月 14 日中华人民共和国国务院第 263 号令颁布)和《旅行社管理条例》,2002 年 1 月 1 日,国家旅游局颁布了《导游人员管理实施办法》,规定了导游岗前培训考核制度、计分管理制度和年审管理制度等制度。这些制度的实行,在当时对导游人员素质的提升,对导游人员的管理,起到了明显的促进作用,但仍有导游执业管理与执业保障问题。

　　《旅游法》实施后,为推进导游管理体制机制改革,破解导游执业难题,保障导游合法权益,维护旅游市场秩序,顺应大众旅游时代的市场需求,2016 年 9 月 27 日,国家旅游局颁布了第 40 号令——关于废止《导游人员管理实施办法》的决定,自该令公布之日起,《导游人员管理实施办法》规定的导游岗前培训考核制度、计分管理制度、年审管理制度和导游人员资格证 3 年有效制度停止实施。2018 年 1 月 1 日起施行的《导游管理办法》,在导游执业方面和保障导游权益方面作了一系列相关的规定。

　　针对导游执业活动中突出的问题,《导游管理办法》对《旅游法》《导游人员管理条例》等有关规定进行了细化和衔接,对导游执业活动提出了一系列具体要求,包括:导游的委派(第十九条),电子导游证和导游身份标识的佩戴(第二十条),导游应当履行的职责(第二十二条)、禁止的行为(第二十三条)、采取的应急处置措施(第二十四条)等。

　　在保障导游权益方面,为激励和引导导游忠于职守、爱岗敬业,诚实守信、乐于奉献,使社会公众进一步理解、尊重和信任导游,增强导游的职业自信心和自豪感,近年来,国家旅游局先后印发了《国家旅游局 人力资源社会保障部 中华全国总工会关于进一步加强导游劳动权益保障的指导意见》《国家旅游局 交通运输部关于进一步规范导游专座等有关事宜的通知》和《国家旅游局关于深化导游体制改革加强导游队伍建设的意见》等文件。《导游管理办法》结合《旅游法》《劳动法》《劳动合同法》《旅行社条例》等有关规定,明文规定了导游在执业过程中,其人格尊严受到尊重,人身安全不受侵犯的权利(第二十六条);导游劳动保障权益(第二十七、二十八条);旅游客运车辆设置"导游专座"要求(第二十九条)、导游服务星级评价事宜(第三十条);导游培训制度(第三十一条)等。

四、导游人员义务以及对应的罚则

导游人员进行导游活动,必须经旅行社委派,但另有规定的除外。①《旅游法》第一百零二条第2款规定,导游、领队违反本法规定,私自承揽业务的,由旅游主管部门责令改正,没收违法所得,处1000元以上1万元以下罚款,并暂扣或者吊销导游证。

导游人员在执业过程中应当携带电子导游证,佩戴导游身份标识。《导游人员管理条例》第二十一条规定,导游人员进行导游活动时未佩戴导游证的,由旅游行政部门责令改正;拒不改正的,处500元以下的罚款。

导游人员进行导游活动时,应当自觉维护国家利益和民族尊严,不得有损害国家利益和民族尊严的言行。《导游人员管理条例》第二十条规定,导游人员进行导游活动时,有损害国家利益和民族尊严的言行的,由旅游行政部门责令改正;情节严重的,由省、自治区、直辖市人民政府旅游行政部门吊销导游证并予以公告;对该导游人员所在的旅行社给予警告直至责令停业整顿。

导游人员在执业过程中,安排旅游者参观或者参与涉及色情、赌博、毒品等违反我国法律法规和社会公德的项目或者活动的,依照《旅游法》第一百零一条之规定,对直接责任导游人员,处2000元以上2万元以下罚款,并暂扣或者吊销导游证。

导游人员应当严格按照旅行社确定的接待计划,安排旅游者的旅行、游览活动,不得擅自变更(增加或减少)旅游项目或者中止、拒绝履行旅游合同。导游人员在引导旅游者旅行、游览过程中,遇有可能危及旅游者人身安全的紧急情形时,经征得多数旅游者的同意,可以调整或者变更接待计划,但是应当立即报告旅行社。《导游人员管理条例》第二十二条规定,导游人员有下列情形之一的,由旅游行政部门责令改正,暂扣导游证3至6个月;情节严重的,由省、自治

---

① 这里提及"另有规定",是指国家旅游局开展的导游自由执业试点工作。国家旅游局于2016年5月正式启动在江浙沪三省市、广东省的线上导游自由执业试点工作,在吉林长白山、湖南长沙和张家界、广西桂林、海南三亚、四川成都的线上线下导游自由执业试点工作。对于自由执业的导游,不经过网络预约平台或线下自由执业业务机构,自行开展自由执业业务的,或者在试点地区之外,开展导游自由执业业务的,按照《旅游法》第一百零二条处罚。

区、直辖市人民政府旅游行政部门吊销导游证并予以公告：(1)擅自增加或者减少旅游项目的；(2)擅自变更接待计划的；(3)擅自中止导游活动的。依照《旅游法》第一百条之规定，在旅游行程中擅自变更旅游行程安排，严重损害旅游者权益的；或拒绝履行合同的；或未征得旅游者书面同意，委托其他旅行社履行包价旅游合同的，对直接责任导游人员，处 2000 元以上 2 万元以下罚款，并暂扣或者吊销导游证。

导游人员进行导游活动，不得擅自安排购物活动或者另行付费旅游项目；不得以隐瞒事实、提供虚假情况等方式，诱骗旅游者违背自己的真实意愿，参加购物活动或者另行付费旅游项目；不得以殴打、弃置、限制活动自由、恐吓、侮辱、咒骂等方式，强迫或者变相强迫旅游者参加购物活动、另行付费等消费项目；不得获取购物场所、另行付费旅游项目等相关经营者以回扣、佣金、人头费或者奖励费等名义给予的不正当利益。依照《旅游法》第九十八条之规定，对有上述情形的直接责任导游人员，没收违法所得，处 2000 元以上 2 万元以下罚款，并暂扣或者吊销导游证。①

导游在执行过程中，推荐或者安排不合格的经营场所的，依照《旅游法》第九十七条之规定，对直接责任导游人员，处 2000 元以上 2 万元以下罚款。

导游人员在执行过程中，向旅游者兜售物品或者购买旅游者的物品的，依照《导游人员管理条例》第二十三条之规定，由旅游行政部门责令改正，处 1000 元以上 3 万元以下的罚款；有违法所得的，并处没收违法所得；情节严重的，由省、自治区、直辖市人民政府旅游行政部门吊销导游证并予以公告；对委派该导游人员的旅行社给予警告直至责令停业整顿。

导游人员在执行过程中，向旅游者索取小费的，依照《旅游法》第一百零二条之规定，由旅游主管部门责令退还，处 1000 元以上 1 万元以下罚款；情节严重的，并暂扣或者吊销导游证。②

未取得导游证或者不具备领队条件而从事导游、领队活动的，由旅游主管

---

① 《导游人员管理条例》第二十四条规定，导游人员进行导游活动，欺骗、胁迫旅游者消费或者与经营者串通欺骗、胁迫旅游者消费的，由旅游行政部门责令改正，处 1000 元以上 3 万元以下的罚款；有违法所得的，并处没收违法所得；情节严重的，由省、自治区、直辖市人民政府旅游行政部门吊销导游证并予以公告；对委派该导游人员的旅行社给予警告直至责令停业整顿；构成犯罪的，依法追究刑事责任。

② 《导游人员管理条例》第二十三条规定，导游人员进行导游活动，以明示或者暗示的方式向旅游者索要小费的，由旅游行政部门责令改正，处 1000 元以上 3 万元以下的罚款；有违法所得的，并处没收违法所得；情节严重的，由省、自治区、直辖市人民政府旅游行政部门吊销导游证并予以公告；对委派该导游人员的旅行社给予警告直至责令停业整顿。

部门责令改正，没收违法所得，并处 1000 元以上 1 万元以下罚款，予以公告。

导游有下列行为的，由县级以上旅游主管部门责令改正，并可以处 1000 元以下罚款；情节严重的，可以处 1000 元以上 5000 元以下罚款：

（1）未按期报告信息变更情况的；

（2）未申请变更导游证信息的；

（3）未更换导游身份标识的；

（4）旅游突发事件发生后，未遵照规定采取相应措施的；

（5）未按规定参加旅游主管部门组织的培训的；

（6）向负责监督检查的旅游主管部门隐瞒有关情况、提供虚假材料或者拒绝提供反映其活动情况的真实材料的；

（7）在导游服务星级评价中提供虚假材料的。

导游执业许可申请人隐瞒有关情况或者提供虚假材料申请取得导游人员资格证、导游证的，县级以上旅游主管部门不予受理或者不予许可，并给予警告；申请人在 1 年内不得再次申请该导游执业许可。

导游以欺骗、贿赂等不正当手段取得导游人员资格证、导游证的，除依法撤销相关证件外，可以由所在地旅游主管部门处 1000 元以上 5000 元以下罚款；申请人在 3 年内不得再次申请导游执业许可。

导游涂改、倒卖、出租、出借导游人员资格证、导游证，以其他形式非法转让导游执业许可，或者擅自委托他人代为提供导游服务的，由县级以上旅游主管部门责令改正，并可以处 2000 元以上 1 万元以下罚款。

五、本章拓展解读

旅游交通运输中的"规范用车"问题

旅游交通运输，不同于公共交通（比如火车、地铁、轻轨、飞机、轮船等）。两者承载的对象不一样，前者专属旅游性质。旅游安全事故中，最多的就是旅游交通事故，其中比较常见的就是旅游客车事故。预防旅游交通事故，首先就应做到规范用车。

我国现行的旅游客运，按营运方式分为定线旅游客运和非定线旅游客运，定线旅游客运按照班车客运管理,而非定线旅游客运则按照包车客运管理。实践中,有些地方某些旅游经营者租辆客车,打着一日游的旗子,每日定时定点按确定的线路,将客人运到某景点。比如每天上午7点、下午2点以每趟40元的价格揽客运输至某景点。这类定时、定点、定路线的客运行为,从定性上讲,涉嫌"打着一日游的名义从事定线旅游客运"。

《旅游法》第三十四条规定,旅行社组织旅游活动应当向合格的供应商订购商品和服务。旅游经营者该如何做好"包车客运"? 一是应寻得具有包车经营资质的客运经营者,跟他签订包车协议。如果需要跨省运输,客运时还应取得包车客运标识牌。二是应尽量使用客运经营者安排的驾驶人员,为规避风险,尽量不要只租空车,另寻司机。一般来讲,有包车经营资质的客运经营者,除了车辆合格以及驾驶人员具有专业的从业资质外,还必须为旅客投保了承运人责任险,车辆上还应该有车辆营运证。三是应按照约定的时间、起始地、目的地和线路运行,比如某旅游公司一辆大客车取得从舟山到无锡的包车客运标识牌,那么就应该按照线路从舟山到无锡,但如果擅自将车从舟山开到苏州,超出了原来的约定和核定的运输范围,被道路运输管理处执行人员发现后,难免会被处罚。

第五章　旅馆业法规制度

一、我国旅馆业立法概况

在我国,旅馆可分为旅游星级饭店和社会旅馆,前者通过申请评定获得星级称号,后者则是旅游星级饭店以外的向社会提供有偿住宿的饭店、宾馆、酒店、招待所、度假村、旅店、旅社,即没有被评定为星级饭店的旅客住宿场所。我国颁布了大量针对旅游饭店星级评定方面的规范性文件,比如 1988 年 8 月 1 日,国家旅游局颁布《中华人民共和国评定旅游(涉外)饭店星级的规定》;2000 年 1 月 1 日,国家旅游局颁布《旅游涉外饭店星级的划分与评定》;2006 年 3 月 7 日,国家旅游局颁布《星级饭店访查规范》;2010 年发布了新的国家标准《旅游饭店星级的划分与评定》(GB/T 14308—2010)及实施办法。我国制定颁布的专门针对社会旅馆的法规规章并不多,主要出现在地方上,比如成都市人民政府 2006 年 11 月 18 日颁布有《成都市社会旅馆管理办法》。

我国对旅馆业的综合立法,最早有 1987 年 11 月 10 日公安部颁布的《旅馆业治安管理办法》(根据 2011 年 1 月 8 日国务院令第 588 号《国务院关于废止和修改部分行政法规的决定》作了修订),其后,1997 年 4 月 18 日公安部下发有《关于加强旅馆业治安管理工作的通知》。各地方结合本省实际情况,分别制定有相应的实施细则。比如 2005 年 12 月 27 日,浙江省人民政府颁布《浙江省旅馆业治安管理办法实施细则》,对开办旅馆的条件、旅馆的治安管理制度、住宿旅客须遵守的规定、公安部门在旅馆业治安管理的职责等作了规定。浙江省公安厅随后下发的《浙江省公安厅关于贯彻执行〈浙江省旅馆业治安管理办法实施细则〉若干问题的通知》(浙公通字〔2006〕55 号),对旅馆业的开业许可、接待旅客住宿浴室的管理、住宿登记、对旅馆的管理检查等方面作了详细的规定。

　　为了倡导履行诚信准则,保障客人和旅游饭店的合法权益,维护旅游饭店业经营管理的正常秩序,促进中国旅游饭店业的健康发展,中国旅游饭店业协会依据国家有关法律、法规,于 2002 年 4 月 5 日颁布了适用于中国旅游饭店业协会各会员饭店的《中国旅游饭店行业规范》,对饭店的预订、登记、收费和保护客人人身和财产安全等方面作了规定。在地方上,也有类似的旅馆业自律性规范,比如陕西省西安市商业贸易委员会、西安饭店与餐饮行业协会制定的《西安市住宿业服务规范》(市商发〔2003〕328 号)。

　　为了扶植我国饭店管理公司的发展,促进旅游饭店行业的专业化、集团化管理,增强饭店企业的活力,提高经济效益,鼓励饭店管理公司开展国际化经营,并加强对饭店管理公司的管理,根据国务院有关政策,1993 年 7 月 29 日,国家旅游局下发《国家旅游局关于下发〈饭店管理公司管理暂行办法〉的通知》(已被国家旅游局公告 2010 年 6 号《国家旅游局关于规章及规范性文件清理结果的公告》宣布失效);为进一步推进旅游饭店行业节能减排,国家旅游局印发了《关于进一步推进旅游行业节能减排工作的指导意见》的通知,加强了对旅游饭店节能减排工作的要求,并颁布制定了国家标准《绿色旅游饭店》(LB/T 007—2006),指导旅游饭店全面开展绿色饭店创建工作。为了进一步加强住宿业的卫生管理,规范经营行为,提高卫生管理水平,卫生部、商务部于 2007 年 6 月 25 日制定了《住宿业卫生规范》(卫监督发〔2007〕221 号)。2010 年 3 月 22 日,商务部下发的《商务部关于加快住宿业发展的指导意见》明确提到:"加快法规标准建设,规范住宿业发展。建立健全国家标准、行业标准、地方标准、企业标准相互衔接的饭店业标准化体系,加快推进相关法规建设,保障市场有序竞争和健康发展……"2010 年 11 月 24 日,国家旅游局下发的《关于印发〈关于促进旅游饭店业持续健康发展的意见〉的通知》(旅发〔2010〕88 号)提到"要进一步完善标准体系,促进特色发展"的意见,即以实施国家标准《旅游饭店星级的划分与评定》(GB/T 14308—2010)为契机,建立完善实施办法;旅游饭店标准化工作要以星级标准为龙头,加快制定建筑设计、服务质量、节能减排,以及经济型饭店、精品饭店、主题饭店、乡村饭店等配套标准①,逐步建立完善适应不同类型饭店发展的标准体系,提升规范化水平。

---

　　①　2016 年 2 月 1 日,《绿色旅游饭店》(LB/T 007—2015 代替 LB/T 007—2006)行业标准已经国家旅游局批准实施;2011 年 7 月 1 日,国家旅游局批准的《旅游饭店节能减排指引》(LB/T 018—2011)行业标准正式实施;2017 年 10 月 1 日,《文化主题旅游饭店基本要求与评价》(LB/T 064—2017)、《旅游民宿基本要求与评价》(LB/T 065—2017)、《精品旅游饭店》(LB/T 066—2017)三行业标准经国家旅游局批准实施。

二、旅馆业经营设立许可和住宿登记制度

（一）旅馆设立特许经营许可制度

旅馆属于特种行业，统一由公安机关治安部门归口管理。开办旅馆，应当向所在地市、县（市、区）公安部门申请，取得《特种行业许可证》，再向工商行政管理部门申请登记，领取营业执照后，方可营业。

《浙江省公安厅关于贯彻执行〈浙江省旅馆业治安管理办法实施细则〉若干问题的通知》（浙公通字〔2006〕55号）规定，旅馆业开办应具备的条件如下：(1)房屋建筑、消防设备符合国家有关规定。有固定、合法的营业场所，房屋建筑质量及消防安全必须依法通过有关单位或部门的验收。利用人防工程开办的旅馆必须具备良好的通风、照明设备和两个以上出入口。(2)具备必要的防盗安全设施。旅馆客房的门、窗必须符合防盗要求，并设有符合防盗要求的物品保管柜（箱）。其中二星级以上旅馆或者客房数在50间以上的旅馆必须另外设有专供旅客存放行李物品的寄存室和存放大宗现金或贵重物品的保险柜（箱），各楼层通道须装有安全监控设备；提供休息宿夜的浴室除了应达到以上硬件条件外，还应当对洗浴人员储物衣柜实行双锁管理，并在休息包厢（间）的公共通道安装录像监管设备。(3)具备单独的旅客房间。宿夜浴室以外的其他旅馆应当具备此条件。(4)符合旅馆业治安管理信息系统要求的条件。有符合系统安装要求的电脑、扫描仪、信息传输线路，以及熟悉掌握信息录入操作业务的前台登记、管理人员。

（二）旅客住宿登记制度

旅馆接待旅客住宿必须登记，按规定项目填写《住宿登记表》。登记时，应当查验旅客的有效身份证件，凭居民身份证，临时居民身份证及军官证，武警警官证，军官离、退休证，士兵证等证件进行登记住宿，如实登记旅客姓名、户籍地址、身份证件种类及号码，注明旅客入住时间、房间号，并在1小时内将人员的上述信息及照片录入旅馆业治安管理系统，旅客退房时，应及时将退房时间录入系统。外国人、华侨及港澳台同胞可凭护照、台湾居民来往大陆通行证、港澳居民来往内地通行证等有效身份证件进行登记。对于在中国境内购房、租房居

住以及在有关机构或他人家中住宿等不在旅馆住宿的外国人,则适用《公安派出所外国人住宿登记管理办法(试行)》(简称《管理办法(试行)》(公通字〔2007〕69号)的规定。《浙江省公安厅关于贯彻执行〈浙江省旅馆业治安管理办法实施细则〉若干问题的通知》规定,对于举办会议的,旅馆可以凭会议举办单位统一提供的参会人员名单安排住宿,参会人员的身份信息可以不录入旅馆业治安管理信息系统,但应当将相关单位提供的参会人员名单、会议用房数量、时间等内容统一留存备查。对于旅游团队的住宿登记,旅馆可以凭旅行社统一提供的人员名单、身份证件号码进行登记和录入,照片信息可以不输入。对于未携带有效身份证件的成年人要求住宿的,旅馆应通知其到旅馆所在地派出所开具身份证明后,方可登记安排住宿。对于未携带有效身份证件的16周岁以下未成年人要求住宿的,如有随行成年人一同的,以成年人提供的身份信息进行登记;如单独一人到旅馆要求住宿的,旅馆可先安排住宿,并立即报告当地派出所进行身份核对。

三、旅馆的经营义务

(一)保障旅客住宿安全

旅馆是提供服务产品的经营者,按照《中华人民共和国消费者权益保护法》(以下简称《消费者权益保护法》)的规定,旅馆应当保证提供的服务符合保障入住游客人身、财产安全的要求。对可能危及旅客人身、财产安全的商品和服务,应当向游客作出真实的说明和明确的警示。经营旅馆,必须遵守国家的法律,建立各项安全管理制度,设置治安保卫组织或者指定安全保卫人员。旅馆应当设置旅客财物保管箱、柜或者保管室、保险柜,指定专人负责保管工作。对旅客寄存的财物,要建立登记、领取和交接制度。旅馆对旅客遗留的物品,应当妥为保管,设法归还原主或揭示招领;经招领后无人认领的,要登记造册。1997年4月18日,公安部下发的《关于加强旅馆业治安管理工作的通知》明确旅馆做好安全事宜须进一步强化技防和物防措施:三星级以上宾馆必须安装闭路电视监控系统,对大堂、电梯、楼层及其他重要部位进行全天候监控,并配备专人值班;客房房门逐步改用电子锁,发生过盗窃案的必须予以更换;设置旅客贵重物品存放室,并在客房内配备贵重物品保险箱。其他旅馆也要逐步落实技防和物防措施,提高防范能力。

(二)提供卫生的消费场所

为加强住宿场所卫生管理,规范经营行为,防止传染病传播与流行,保障人体健康,2007年6月25日,卫生部、商务部联合下发了《卫生部、商务部关于印发〈住宿业卫生规范〉等规范的通知》(卫监督发〔2007〕221号),对旅馆场所(客房、清洗消毒专间、储藏间等)卫生要求;住宿场所公共用品用具采购、储藏、清洗消毒、设备设施维护等卫生操作规程;卫生管理;住宿场所从业人员卫生要求等均作了规定。比如《住宿业卫生规范》第二十二条规定的客房服务卫生操作要求为:(1)客房应做到通风换气,保证室内空气质量符合卫生标准。(2)床上用品应做到一客一换,长住客一周至少更换一次。(3)清洁客房、卫生间的工具应分开,面盆、浴缸、坐便器、地面、台面等清洁用抹布或清洗刷应分设。(4)卫生间内面盆、浴缸、坐便器应每客一消毒,长住客人每日一消毒。(5)补充杯具、食具应注意手部卫生,防止污染。《住宿业卫生规范》第三十四条规定:(1)住宿场所从业人员上岗前应当取得《健康合格证明》。直接为顾客服务的从业人员应每年进行健康检查,取得《健康合格证明》后方可继续从事直接为顾客服务的工作。《健康合格证明》不得涂改、伪造、转让、倒卖。(2)从业人员患有有碍公众健康疾病的,治愈之前不得从事直接为顾客服务的工作。可疑传染病患者须立即停止工作并及时进行健康检查,明确诊断。

(三)诚信经营、遵守价格秩序的义务

《消费者权益保护法》第十六条第3款规定"经营者向消费者提供商品或者服务,应当恪守社会公德,诚信经营,保障消费者的合法权益;不得设定不公平、不合理的交易条件,不得强制交易"。旅馆消费价格是市场价,旅馆在遵守《中华人民共和国价格法》(以下简称《价格法》)等相关法律法规的前提条件下有权自主定价。但实践中,在部分地区、部分时段存在着少数经营者利用区位优势地位,在重大节假日、大型活动、旅游重点接待地区,对酒店客房价格相互串通、跟风提价、哄抬价格的行为。此类行为扰乱了正常的市场价格秩序,损害了广大消费者的合法权益,不利于酒店业的健康发展。为规范酒店客房价格秩序,加强酒店客房价格监管,营造良好的旅游消费环境,促进旅游等服务业健康发展,2010年9月25日,国家工商行政管理总局、国家旅游局、国家发展和改革委员会下发了《关于规范酒店客房市场价格的意见》(发改价格〔2010〕2243号),

明确提到,酒店经营企业应当确定合理的酒店客房价格水平,进入销售旺季后应当保持酒店客房价格的合理浮动,维持酒店客房价格总体稳定。落实酒店客房价格明码标价规定,酒店经营企业要严格执行国家规定的商品和服务收费明码标价规定[①],在收费场所的醒目位置标示客房结算起止时间及各类客房价格,以降价、打折、特价等价格手段促销的,应当标明促销价格,提高酒店客房价格的透明度,以便于消费者的知晓和监督。降价销售商品和提供服务必须使用降价标价签、价目表,如实标明降价原因以及原价和现价,以区别于以正常价格销售商品和提供服务。经营者应当保留降价前记录或核定价格的有关资料,以便查证。

(四)尊重和保护旅客的隐私

旅客向旅馆购买客房商品,本质上是租用客房的使用权,旅客使用客房是为了有一个独处和安宁的休息场所。可见,获得隐私保护就是旅客购买客房商品、入住旅馆的应有之义。旅馆尊重和保护旅客的隐私,至少包含如下内容:(1)饭店员工未经客人许可不得随意进入客人下榻的房间,除日常清扫卫生、维修保养设施设备或者发生火灾等紧急情况外;(2)饭店的工作人员未经客人同意,不应将客人的身份信息、入住的房间号、住宿的时间等信息告诉他人;(3)饭店员工因工作需要进入客房内部时,应尊重旅客的生活习惯和住宿行为规律,不得将见到的和听到的旅客的个人隐私泄露;(4)旅馆不得在客房内部设置监视旅客的任何设施设备;(5)除非国家机关工作人员依据相关法律执行公务的需要,任何时候,旅客的人身和携带的行李、物品不得被搜查。

四、旅游饭店星级的划分与评定

(一)《旅游(涉外)饭店星级的划分与评定》版本修订情况概述

《旅游(涉外)饭店星级的划分与评定》国家标准首次发布于 1993 年 9 月 1

---

① 以浙江省为例:为规范餐饮行业价格行为,维护消费者和经营者的合法权益,2016 年 10 月 24 日,浙江省物价局制定的《浙江省餐饮业明码标价规定》第四条规定,经营者必须对经营的商品和提供的服务等实行明码标价,所标价格为向消费者结算的含税价格。明码标价应当采取标价签(牌)、价目簿(表)等形式,也可采用智能化终端等电子点菜方式。明码标价应做到价签价目齐全,标价内容真实准确;标价牌、服务项目价格表、价格投诉举报电话等应摆放或标示在经营场所醒目位置。

日,首次修订于 1997 年 10 月 16 日,共历经四次修订,形成四个版本,分别为《旅游涉外饭店星级的划分与评定》(GB/T 14308—1993)、《旅游涉外饭店星级的划分与评定》(GB/T 14308—1997)、《旅游饭店星级的划分与评定》(GB/T 14308—2003)、《旅游饭店星级的划分与评定》(GB/T 14308—2010)①。其修订的各版本标准大致变化详见表 5-1。

表 5-1 《旅游(涉外)饭店星级的划分与评定》历次修订内容

标准名称	修订的内容
《旅游涉外饭店星级的划分与评定》(GB/T 14308—1997)	(1)在引用标准中加入了《旅游饭店用公共信息图形符号》(LB/T 001—1995),并在各星级中作了具体要求; (2)对各星级、各工作岗位的语言要求有所改变; (3)对三星级以上客房数最低数量的要求由原来的 50 间改为 40 间; (4)对四星级以上饭店客房最小面积的要求量化为 20 平方米; (5)对厨房的要求更加细化; (6)对三星级以上饭店加入了选择项目,使饭店能够根据自己的经营实际需要来确定投资和经营哪些项目。选择项目共 79 项,包括客房 10 项;餐厅及酒吧 9 项;商务设施及服务 5 项;会议设施 10 项;公共及健康娱乐设施 42 项。其中要求三星级至少选择 11 项;四星级至少选择 28 项;五星级至少选择 35 项; (7)删去了标准中第 8、9 两个与本标准无关的部分
《旅游饭店星级的划分与评定》(GB/T 14308—2003)	(1)用"旅游饭店"取代"旅游涉外饭店",并按国际惯例明确了旅游饭店的定义; (2)规定旅游饭店使用星级的有效期限为 5 年,取消了星级终身制,增加了预备星级; (3)明确了星级的评定规则,增加了某些特色突出或极其个性化的饭店可以直接向全国旅游饭店星级评定机构申请星级的内容; (4)对餐饮服务的要求适当简化; (5)将一星级饭店客房的最低数量要求由原来的 20 间改为 15 间; (6)将原标准三星级以上饭店的选择项目合并,归纳为"综合类别""特色类别一""特色类别二"和"特色类别三"四大部类,删去了原有部分内容,增加了饭店品牌、总经理资质、环境保护等内容; (7)对四星级以上饭店的核心区域前厅、客房和餐厅强化了要求,增加整体舒适度等内容; (8)借鉴一些国家的做法,增设了"白金五星级"

① 2018 年 2 月 24 日,国家旅游局办公室下发了关于征求《旅游饭店星级的划分与评定》(征求意见稿)意见的函,已启动新一轮星级饭店国家标准修订工作。

续　表

标准名称	修订的内容
《旅游饭店星级的划分与评定》（GB/T 14308—2010）	(1)增加了对国家标准 GB/T 16766 旅游业基础术语、GB/T 15566.8 公共信息导向系统的引用； (2)更加注重饭店核心产品，弱化配套设施； (3)将一、二、三星级饭店定位为有限服务饭店； (4)突出绿色环保的要求； (5)强化安全管理要求，将应急预案列入各星级的必备条件； (6)提高饭店服务质量评价的操作性； (7)增加例外条款，引导特色经营； (8)保留白金五星级的概念，其具体标准与评定办法将另行制定

（二）旅游饭店的概念及星级标识

《旅游饭店星级的划分与评定》（GB/T 14308—2010）所称的旅游饭店指以间（套）夜为单位出租客房，以提供住宿服务为主，并提供商务、会议、休闲、度假等相应服务的住宿设施，按不同习惯可能也被称为宾馆、酒店、旅馆、旅社、宾舍、度假村、俱乐部、大厦、中心等。

饭店星级评定遵循企业自愿申报的原则。凡在中华人民共和国境内正式营业 1 年以上的旅游饭店，均可申请星级评定，经评定达到相应星级标准的饭店，由全国旅游饭店星级评定机构颁发相应的星级证书和标识牌。饭店星级证书和标识牌由全国旅游星级饭店评定委员会（以下简称"全国星评委"）统一制作、核发。星级标识的有效期为 3 年。每块星级标识牌上的编号，与相应的星级饭店证书号一致。每家星级饭店原则上只可申领一块星级标识牌。如星级标识牌破损或丢失，应及时报告，经所在省级旅游星级饭店评定委员会（以下简称"省级星评委"）查明属实后，可向全国星评委申请补发。星级饭店如因更名需更换星级证书，可凭工商部门有关文件证明进行更换，同时必须交还原星级证书。

星级划分为五个级别，即一星级、二星级、三星级、四星级、五星级（含白金五星级）。最低为一星级，最高为五星级。星级越高，表示饭店的等级越高。星级标识由长城与五角星图案构成，用一颗五角星表示一星级，两颗五角星表示二星级，三颗五角星表示三星级，四颗五角星表示四星级，五颗五角星表示五星级，五颗白金五角星表示白金五星级。饭店星级标识应置于饭店前厅最明显位置，接受公众监督。饭店星级标识已在国家工商行政管理总局商标局登记注册为证明商标,其使用要求必须严格按照《星级饭店图形证明商标使用管理规则》执行。任何单位或个人未经授权或认可,不得擅自制作和使用。同时,任何饭店以"准 * 星""超 * 星"或者"相当于 * 星"等作为宣传手段的行为均属违法行为。

(三)星级评定的组织机构和责任

文化和旅游部设全国星评委。全国星评委是负责全国星评工作的最高机构。全国星评委下设办公室,作为全国星评委的办事机构,设在中国旅游饭店业协会秘书处。其职能包括:(1)统筹负责全国旅游饭店星评工作;(2)聘任与管理国家级星评员;(3)组织五星级饭店的评定和复核工作;(4)授权并监管地方旅游饭店星级评定机构开展工作。其饭店星级评定职责和权限如下:(1)执行饭店星级评定工作的实施办法;(2)授权和督导地方旅游饭店星级评定机构的星级评定和复核工作;(3)对地方旅游饭店星级评定机构违反规定所评定和复核的结果拥有否决权;(4)实施或组织实施对五星级饭店的星级评定和复核工作;(5)统一制作和核发星级饭店的证书、标识牌;(6)按照《饭店星评员章程》要求聘任国家级星评员,监管其工作;(7)负责国家级星评员的培训工作。

各省、自治区、直辖市旅游局设省级星评委。省级星评委报全国星评委备案后,根据全国星评委的授权开展星评和复核工作。其饭店星级评定职责和权限为依照全国星评委的授权开展以下工作:(1)贯彻执行并保证质量完成全国星评委部署的各项工作任务;(2)负责并督导本省内各级旅游饭店星级评定机构的工作;(3)对本省副省级城市、地级市(地区、州、盟)及下一级星级评定机构违反规定所评定的结果拥有否决权;(4)实施或组织实施本省四星级饭店的星级评定和复核工作;(5)向全国星评委推荐五星级饭店并严格把关;(6)按照《饭店星评员章程》要求聘任省级星评员;(7)负责副省级城市、地级市(地区、州、盟)星评员的培训工作。

副省级城市、地级市(地区、州、盟)旅游局设地区旅游星级饭店评定委员会(简称"地区星评委")。地区星评委在省级星评委的指导下,参照省级星评委的模式组建。地区星评委依照省级星评委的授权开展以下工作:(1)贯彻执行并保证质量完成全国星评委和省级星评委布置的各项工作任务;(2)负责本地区星级评定机构的工作;(3)按照《饭店星评员章程》要求聘任地市级星评员,实施或组织实施本地区三星级及以下饭店的星级评定和复核工作;(4)向省级星评委推荐四、五星级饭店。

(四)星级评定的标准和基本要求

饭店星级的划分与评定依据《旅游饭店星级的划分及评定》(GB/T 14308—2010)进行,具体要求如下。

(1)各星级饭店必须做到《旅游饭店星级的划分及评定》附录 A"必备项目检查表"中各项目均达标。一、二、三星级必须具备"必备项目检查表"列明的一般要求、设施和服务方面的项目要求;四、五星级必须具备"必备项目检查表"列明的饭店总体要求及前厅、客房、餐厅及吧室、厨房、会议和康乐设施、公共区域方面的项目要求。

(2)《旅游饭店星级的划分及评定》附录 B"设施设备评分表"反映的是星级饭店设备设施的位置、结构、数量、面积、功能、材质、设计、装饰等评价标准,该评分表共 600 分。要求三星级最低得分线为 220 分、四星级为 320 分、五星级为 420 分,一、二星级不作要求。

(3)《旅游饭店星级的划分及评定》附录 C"饭店运营质量评价表"反映的是星级饭店的服务质量、清洁卫生、维护保养等评价标准,该评价表共 600 分。要求三星级最低得分率为 70%、四星级为 80%、五星级为 85%,一、二星级不作要求。

申请星级评定的饭店,如达不到上述要求及最低分数或得分率,则不能取得所申请的星级。

一、二、三星级饭店是有限服务饭店,评定星级时应对饭店住宿产品进行重点评价;四、五星级(含白金五星级)饭店是完全服务饭店,评定星级时应对饭店产品进行全面评价。

星级饭店的建筑、附属设施设备、服务项目和运行管理应符合国家现行的安全、消防、卫生、环境保护、劳动合同等有关法律、法规和标准的规定与要求。星级饭店强调整体性,评定星级时不能因为某一区域所有权或经营权的分离,或因为建筑物的分隔而区别对待。饭店内所有区域应达到同一星级的质量标准和管理要求。否则,星评委对饭店所申请星级不予批准。饭店取得星级后,因改造发生建筑规格、设施设备和服务项目的变化,关闭或取消原有设施设备、服务功能或项目,导致达不到原星级标准的,必须向相应级别星评委申报,接受复核或重新评定。否则,相应级别星评委应收回该饭店的星级证书和标识牌。星级饭店还应增强突发事件应急处置能力,突发事件处置的应急预案应作为各星级饭店的必备条件。评定星级后,如饭店在运营中发生重大安全责任事故,所属星级将被立即取消,相应星级标识不能继续使用。

星级饭店服务基本要求如下：（1）员工仪容仪表方面，遵守饭店的仪容仪表规范，端庄、大方、整洁；着工装、佩工牌上岗；服务过程中表情自然、亲切、热情适度，提倡微笑服务。（2）员工言行举止方面，语言文明、简洁、清晰，符合礼仪规范；站、坐、行姿符合各岗位的规范与要求，主动服务，有职业风范；以协调适宜的自然语言和身体语言对客服务，使宾客受到尊重，感到舒适；对宾客提出的问题应予耐心解释，不推诿和应付。（3）员工业务能力与技能方面，掌握相应的业务知识和服务技能，并能熟练运用。

星级饭店管理要求如下：（1）应有员工手册。（2）应有饭店组织机构图和部门组织机构图。（3）应有完善的规章制度、服务标准、管理规范和操作程序。一项完整的饭店管理规范包括规范的名称、目的、管理职责、项目运作规程（具体包括执行层级、管理对象、方式与频率、管理工作内容）、管理分工、管理程序与考核指标等项目。各项管理规范应适时更新，并保留更新记录。（4）应有完善的部门化运作规范，包括管理人员岗位工作说明书、管理人员工作关系表、管理人员工作项目核检表、专门的质量管理文件、工作用表和质量管理记录等内容。（5）应有服务和专业技术人员岗位工作说明书，对服务和专业技术人员的岗位要求、任职条件、班次、接受指令与协调渠道、主要工作职责等内容进行书面说明。（6）应有服务项目、程序与标准说明书，对每一个服务项目完成的目标、为完成该目标所需要经过的程序，以及各个程序的质量标准进行说明。（7）对国家和地方主管部门和强制性标准所要求的特定岗位的技术工作如锅炉、强弱电、消防、食品加工与制作等，应有相应的工作技术标准的书面说明，相应岗位的从业人员应知晓并熟练操作。（8）应有其他可以证明饭店质量管理水平的证书或文件。

星级饭店安全管理要求如下：（1）星级饭店应取得消防等方面的安全许可，确保消防设施的完好和有效运行。（2）水、电、气、油、压力容器、管线等设施设备应安全有效运行。（3）应严格执行安全管理防控制度，确保安全监控设备的有效运行及人员的责任到位。（4）应注重食品加工流程的卫生管理，保证食品安全。（5）应制定和完善地震、火灾、食品卫生、公共卫生、治安事件、设施设备突发故障等各项突发事件应急预案。

（五）星级评定程序

五星级按照以下程序评定：（1）申请。申请评定五星级的饭店应在对照《旅游饭店星级的划分及评定》（GB/T 14308—2010）充分准备的基础上，按属地原则向地区星评委和省级星评委逐级递交星级申请材料。申请材料包括饭店星级申请报告、自查打分表、消防验收合格证（复印件）、卫生许可证（复印件）、工商营业执照（复印件）、饭店装修设计说明等。（2）推荐。省级星评委收到饭店申请材料后，应严格按照《旅游饭店星级的划分及评定》（GB/T 14308—2010）的要求，于 1 个月内对申报饭店进行星评工作指导。对符合申报要求的饭店，以省级星评委名义向全国星评委递交推荐报告。（3）审查与公示。全国星评委在接到省级星评委推荐报告和饭店星级申请材料后，应在 1 个月内完成审定申请资格、核实申请报告等工作，并对通过资格审查的饭店，在中国旅游网和中国旅游饭店业协会网站上同时公示。对未通过资格审查的饭店，全国星评委应下发正式文件通知省级星评委。（4）宾客满意度调查。对通过五星级资格审查的饭店，全国星评委可根据工作需要安排宾客满意度调查，并形成专业调查报告，作为星评工作的参考意见。（5）国家级星评员检查。全国星评委发出《星级评定检查通知书》，委派 2 至 3 名国家级星评员，以明察或暗访的形式对申请五星级的饭店进行评定检查。评定检查工作应在 36～48 小时内完成。检查未予通过的饭店，应根据全国星评委反馈的有关意见进行整改。全国星评委待接到饭店整改完成并申请重新检查的报告后，于 1 个月内再次安排评定检查。（6）审核。检查结束后 1 个月内，全国星评委应根据检查结果对申请五星级的饭店进行审核。审核的主要内容及材料有国家级星评员检查报告（须有国家级星评员签名）、星级评定检查反馈会原始记录材料（须有国家级星评员及饭店负责人签名）、依据《旅游饭店星级的划分及评定》（GB/T 14308—2010）的打分情况（打分总表须有国家级星评员签名）等。（7）批复。对于经审核认定达到标准的饭店，全国星评委应作出批准其为五星级旅游饭店的批复，并授予五星级证书和标识牌。对于经审核认定达不到标准的饭店，全国星评委应作出不批准其为五星级饭店的批复。批复结果在中国旅游网和中国旅游饭店业协会网站上同时公示，公示内容包括饭店名称、全国星评委受理时间、国家级星评员评定检查时间、国家级星评员姓名、批复时间。（8）申诉。申请星级评定的饭店对星评过程及其结果如有异议，可直接向文化和旅游部申诉。文化和旅游部根据调查结果予以答复，并保留最终裁定权。（9）抽查。文化和旅游部根据《国家级星评监督员管理规则》，派出国家级星评监督员随机抽查星级评定情况，对星评工作进行监督。一旦发现星评过程中存在不符合程序的现象或检查结果不符合标准要求的情况，文化和旅游部可对星级评定结果予以否决，并对执行该任务的国家级星评员进行处理。

对于以住宿为主营业务,建筑与装修风格独特,拥有独特客户群体,管理和服务特色鲜明,且业内知名度较高旅游饭店的星级评定,可按照上述的程序申请评定五星级饭店。白金五星级饭店的评定标准和检查办法另行制定。

对于一到四星级饭店的评定程序,各级星评委应严格按照相应职责和权限,参照五星级饭店评定程序执行。一、二、三星级饭店的评定检查工作应在24小时内完成,四星级饭店的评定检查工作应在36小时内完成。全国星评委保留对一到四星级饭店评定结果的否决权。

(六)星级复核及处理制度

星级复核是星级评定工作的重要组成部分,星级复核分为年度复核和3年期满的评定性复核。年度复核工作由饭店对照星级标准自查自纠,并将自查结果报告相应级别星评委,相应级别星评委根据自查结果进行抽查。评定性复核工作由各级星评委委派星评员以明察或暗访的方式进行。全国星评委委派2至3名国家级星评员同行,以明察或暗访的方式对饭店进行评定性复核检查。全国星评委可根据工作需要,对满三期的五星级饭店进行宾客满意度调查,并形成专业调查报告,作为评定性复核的参考意见。接受评定性复核的星级饭店,如其正在进行大规模装修改造,或者其他适当原因而致使暂停营业,可以在评定性复核当年年前提出延期申请。经查属实后,相应级别星评委可以酌情批准其延期一次。延期复核的最长时限不应超过1年,如延期超过1年,须重新申请星级评定。

对复核结果达不到相应标准的星级饭店,相应级别星评委根据情节轻重给予限期整改、取消星级的处理,并公布处理结果。对于取消星级的饭店,应将其星级证书和星级标识牌收回。

(1)凡被复核饭店出现以下情况,相应级别星评委应作出"限期整改"的处理意见。

五星级:"必备项目检查表"达标,但附录B"设施设备评分表"得分低于420分但高于380分,或附录C"饭店运营质量评价表"得分率低于85%但高于75%。

四星级:"必备项目检查表"达标,但附录B"设施设备评分表"得分低于320分但高于280分,或附录C"饭店运营质量评价表"得分率低于80%但高于70%。

三星级:"必备项目检查表"达标,但附录B"设施设备评分表"得分低于220

分但高于 180 分,或附录 C"饭店运营质量评价表"得分率低于 70% 但高于 60%。

（2）凡被复核饭店出现以下任何一种情况,相应级别星评委应作出"取消星级"的处理意见。

五星级:"必备项目检查表"不达标;"必备项目检查表"达标,但附录 B"设施设备评分表"得分低于 380 分;"必备项目检查表"达标,但附录 C"饭店运营质量评价表"得分率低于 75%;发生重大事故,或遭遇重大投诉事件并被查实,造成恶劣影响;停止饭店经营业务或停业装修改造 1 年以上。

四星级:"必备项目检查表"不达标;"必备项目检查表"达标,但附录 B"设施设备评分表"得分低于 280 分;"必备项目检查表"达标,但附录 C"饭店运营质量评价表"得分率低于 70%;发生重大事故,或遭遇重大投诉事件并被查实,造成恶劣影响;停止饭店经营业务或停业装修改造 1 年以上。

三星级:"必备项目检查表"不达标;"必备项目检查表"达标,但附录 B"设施设备评分表"得分低于 180 分;"必备项目检查表"达标,但附录 C"饭店运营质量评价表"得分率低于 60%;发生重大事故,或遭遇重大投诉事件并被查实,造成恶劣影响;停止饭店经营业务或停业装修改造 1 年以上。

二星级:"必备项目检查表"不达标;发生重大事故,或遭遇重大投诉事件并被查实,造成恶劣影响;停止饭店经营业务或停业装修改造 1 年以上。

一星级:"必备项目检查表"不达标;发生重大事故,或遭遇重大投诉事件并被查实,造成恶劣影响;停止饭店经营业务或停业装修改造 1 年以上。

整改期限原则上不能超过 1 年。被取消星级的饭店,自取消星级之日起 1 年后,方可重新申请星级评定。各级星评委对星级饭店作出处理的责任划分依照星级评定的责任分工执行。全国星评委保留对各星级饭店复核结果的最终处理权。

文化和旅游部根据《国家级星评监督员管理规则》,派出国家级星评监督员随机抽查年度复核和评定性复核情况,对复核工作进行监督。一旦发现复核过程中存在不符合程序的现象或检查结果不符合标准要求的情况,文化和旅游部可对星级复核结果予以否决。

（七）星级饭店访查规范

星级评定工作由相应级别星评委委派饭店星评员承担。饭店星评工作应严格执行《饭店星评员章程》及相关制度。

国家级星评员由全国旅游星级饭店评定委员会负责选聘。接受全国星评委的委派，承担全国范围内的饭店星级评定、复核和其他检查工作。地方级星评员由省级星评委或地区星评委负责选聘，接受省级星评委或地区星评委的委派，按照职责分工，承担辖区内饭店星级评定、复核和其他检查工作。每届星评员任期2年，到期后根据实际情况进行换届。省级星评员名单需报全国星评委备案。

星评员在相应星评委有组织有计划的安排下，可以明察或暗访方式对受检饭店进行检查，要预先研究受检饭店的申请报告或复核自查报告及相关材料，掌握受检饭店的概况和特点；检查结束时向受检饭店全面反馈检查情况，就其星级达标情况提出规范的书面报告。各级星评员应保持清正、廉洁的作风，未经相应星评委授权，不得随意实施对饭店的检查工作。饭店星级评定或复核时，要据实评判各项必备条件的具备情况和饭店设施设备、饭店运营质量的得分情况，并写出书面检查报告及时呈交委派工作的星评委。星评员向受检饭店和相应星评委作出的反馈意见应严谨、规范、条理清晰，具有较高的针对性和指导性。对于不达标的饭店，要提出明确的整改要求。饭店星评员接受聘用单位的检查、监督和管理。

星评员应服从相应星评委的安排，认真履行星评员的各项职责。按规定时间抵达受检饭店，主动出示相关证件和《星级评定/复核检查通知书》。在受检饭店工作时间应不少于相关规定的要求。不得以个人理解随意解释标准，不得作超越权限的评论和表态。检查期间要着正装，保持衣履整洁、举止文明、谦虚谨慎、尊重受检饭店的员工。在保证检查效果的前提下，提倡节俭，反对铺张。不得向受检饭店提出与检查无关的要求，不得为个人或亲属谋取私利。受检饭店可就任何星评员的违规行为向相应星评委举报，星评委经调查核实后可进行查处。

五、本章拓展解读

营业场所"谢绝顾客自带酒水消费"问题

在日常餐饮消费实践中，高档消费场所常有一条不成文规定，即"谢绝客人自带酒水消费"。一旦客人自带酒水消费后,餐饮场所往往会收取一定比例的酒水服务费(俗称"开瓶费")。对于此项规定是否合理,顾客与餐饮经营者往往各执不同的看法。表 5-2 罗列了各方观念。

表 5-2　"谢绝客人自带酒水消费"的各方观点

主体	对"谢绝客人自带酒水消费"的态度	提出的具体理由
消费者	认为不合理	(1)在顾客自带酒水消费前,经营场所未明确告知,侵犯了消费者的知情权,系消费陷阱
		(2)收取"酒水服务费"这个项目没有法律依据
		(3)收取的"酒水服务费"的多少无明确的标准衡量
		(4)"谢绝自带酒水"的规定属强迫消费者接受内容不公平、不合理的格式条款,违反了《中华人民共和国消费者权益保护法(2013 年修正)》第二十六条之规定,应认定无法律效力
		(5)"谢绝自带酒水"的规定侵犯了顾客的自主选择权和公平交易权
		(6)在是否可收取"酒水服务费"方面,顾客与餐饮经营者从未形成合意,该条款系霸王条款
经营者	认为合理	(1)餐饮经营方已经明确告知顾客会收取一定比例的酒水服务费,顾客以实际消费行为认同了该主张
		(2)收取服务费系自主经营权的体现,法律并无明文规定不能收取
		(3)顾客自带酒水消费符合要约与承诺的民事行为构成要件,是双方真实的意思表示
		(4)《中国旅游饭店行业规范》(2009 年 8 月修订)第二十九条规定"饭店如果谢绝客人自带酒水和食品进入餐厅、酒吧、舞厅等场所享用,应当将谢绝的告示设置于经营场所的显著位置,或者确认已将上述信息用适当方式告知客人"

综上,可将争论焦点归纳如下。

1. 餐饮消费场所收取"酒水服务费"的项目和金额是否合理、合法

餐饮经营者的价格行为属于企业经营自主权的范围。餐饮消费场所"酒水服务"实行的是市场价,经营者依照《价格法》的规定,可根据自己的生产经营成本和市场供给情况自主定价。若顾客认为餐饮消费场所收取的"酒水服务费"不合理、不合法,可以按照《价格法》等相关法律法规,向物价部门举报,请求追究餐饮经营者的行政违法行为。但在"酒水服务费"项目未经行政司法机关认定为无效或违规之前,顾客不可以餐饮消费场所收取"酒水服务费"违规为由,主张返还"酒水服务费"。

2.餐饮消费场所"谢绝自带酒水"的规定,是否属"以格式合同、通知、声明、店堂告示等方式作出对消费者不公平、不合理的规定"

《消费者权益保护法》第二十六条第2款规定,"经营者不得以格式条款、通知、声明、店堂告示等方式,作出排除或限制消费者权利、减轻或者免除经营者责任、加重消费者责任等对消费者不公平、不合理的规定,不得利用格式条款并借助技术手段强制交易。

《最高人民法院关于审理食品药品纠纷案件适用法律若干问题的规定》第十六条规定,食品、药品的生产者与销售者以格式合同、通知、声明、告示等方式作出排除或者限制消费者权利、减轻或者免除经营者责任、加重消费者责任等对消费者不公平、不合理的规定,消费者依法请求认定该内容无效的,人民法院应予支持。

这里所述的"不公平、不合理"属抽象的陈述,餐饮消费场所"谢绝自带酒水,收取酒水服务费"的规定是否构成以格式条款、通知、声明、店堂告示等方式作出对消费者不公平、不合理的规定而无效,应结合具体情况认定。我国餐饮服务业的价格行为受《价格法》的调控,同时应该符合《侵害消费者权益行为处罚办法》《关于商品和服务实行明码标价的规定》等相关法规的规定。餐饮消费场所"谢绝自带酒水""收取酒水服务费"若未违反价格管制之法规,则不宜认定属不公平、不合理。

须知,高档消费场所具备的优良环境、特定氛围、宜人照明、精致餐具、高水准的服务,都是需要花费大量的成本投入的,也是吸引顾客前来消费的一个动因。酒水消费本身就是餐饮消费场所盈利的主要来源之一。若允许顾客自带酒水前来消费,那么餐饮公司必然失去部分酒水盈利,因此通过收取顾客适当比例的"酒水服务费",对餐饮经营者来讲,本身就体现了公平、合理。

3.餐饮消费场所是否侵犯了顾客的知情权和自主选择权

《消费者权益保护法》第八、十九条明确规定了经营者有保障消费者知情权、明码标价的法定义务。《价格法》中也对经营者明码标价的法定义务进行了明确。关于经营者明码标价达到何种标准可以认定其保障了消费者的知情权,国家发展计划委员会、国内贸易部、中华全国供销合作总社于1995年11月17日联合发布了《餐饮、修理业价格行为规则》,国家发展计划委员会于2000年10月31日发布了《关于商品和服务实行明码标价的规定》,确定了经营者在履行明码标价的法定义务时应当达到的标准。《餐饮、修理业价格行为规则》第十一条规定,"各种服务项目的价格,应当按照项目、品类进行明码标实价,价签价目齐全、标价详尽准确、字迹清晰、价目表或标价签制作规范、摆放位置醒目";《关于商品和服务实行明码标价的规定》第十六条规定,"提供服务的经营者应当在经营场所或缴费地点的醒目位置公布服务项目、服务内容、等级或规格、服务价格等",上述行政规章规定经营者应当保证标示价格的位置显著、醒目,确保消费者有知悉的条件,遏制欺诈行为。因此,餐饮经营者在保障"自带酒水"消费的顾客知情权时,应在醒目位置公布其收取费用的项目和价格的标准,服务人员也应明确提示告知。

《消费者权益保护法》第九条规定了消费者享有自主选择商品或者服务的权利。具体的含义是指"消费者有权自主选择提供商品或者服务的经营者,自主选择商品品种或者服务方式,自主决定购买或者不购买任何一种商品、接受或者不接受任何一项服务。消费者在自主选择商品或者服务时,有权进行比较、鉴别和挑选"。餐饮经营者向顾客收取"酒水服务费",是否侵占了顾客的自主选择权,关键就在于餐饮经营者是否在顾客自带酒水消费之前,已经明确告知顾客自带酒水需收取一定比例的酒水服务费。顾客自带酒水消费的行为不必然构成接受餐饮消费经营场所的收取酒水服务费的承诺,只有当餐饮消费场所没有事先告知,在顾客不知情的情况下收取了酒水服务费的情形下,方可认定系侵犯了顾客自主选择商品或服务的权利。

第六章　出境旅游相关法律制度

一、中华人民共和国护照

中华人民共和国护照是中华人民共和国公民出入国境和在国外证明国籍和身份的证件。

2006年4月29日,全国人民代表大会常务委员会颁布的《中华人民共和国护照法》将护照分为普通护照、外交护照和公务护照。普通护照的有效期为:护照持有人未满16周岁的5年,16周岁以上的10年。普通护照由公安部出入境管理机构或者公安部委托的县级以上地方人民政府公安机关出入境管理机构以及中华人民共和国驻外使馆、领馆和外交部委托的其他驻外机构签发。外交护照由外交部签发。公务护照由外交部、中华人民共和国驻外使馆、领馆或者外交部委托的其他驻外机构以及外交部委托的省、自治区、直辖市和设区的市人民政府外事部门签发。

公民因前往外国定居、探亲、学习、就业、旅行、从事商务活动等非公务事由出国的,由本人向户籍所在地的县级以上地方人民政府公安机关出入境管理机构申请普通护照。2007年10月25日,公安部颁布的《中华人民共和国普通护照和出入境通行证签发管理办法》(公安部令第96号)第四条规定,公民申请普通护照,应当由本人向其户籍所在地县级以上地方人民政府公安机关出入境管理机构提出,并提交下列真实有效的材料:(1)近期免冠照片一张以及填写完整的《中国公民因私出国(境)申请表》(以下简称"申请表")。(2)居民身份证和户口簿及复印件;在居民身份证领取、换领、补领期间,可以提交临时居民身份证和户口簿及复印件。(3)未满16周岁的公民,应当由其监护人陪同,并提交其监护人出具的同意出境的意见、监护人的居民身份证或者户口簿、护照及复印件。(4)国家工作人员①应当按照有关规定,提交本人所属工作单位或者上级主管单位按照人事管理权限审批后出具的同意出境的证明。(5)省级地方人民政府公安机关出入境管理机构报经公安部出入境管理机构批准,要求提交的其他材料。现役军人申请普通护照,按照管理权限履行报批手续后,由本人向所属部队驻地县级以上地方人民政府公安机关出入境管理机构提出。

外交官员、领事官员及其随行配偶、未成年子女和外交信使持用外交护照。在中华人民共和国驻外使馆、领馆或者联合国、联合国专门机构以及其他政府间国际组织中工作的中国政府派出的职员及其随行配偶、未成年子女持用公务护照。除此之外的公民出国执行公务的,由其工作单位向外交部门提出申请,由外交部门根据需要签发外交护照或者公务护照。

申请人具有下列情形之一的,公安机关出入境管理机构不予签发普通护照:(1)不具有中华人民共和国国籍的;(2)无法证明身份的;(3)在申请过程中弄虚作假的;(4)被判处刑罚正在服刑的;(5)人民法院通知有未了结的民事案件不能出境的;(6)属于刑事案件被告人或者犯罪嫌疑人的;(7)国务院有关主管部门认为出境后将对国家安全造成危害或者对国家利益造成重大损失的。公民因妨害国(边)境管理受到刑事处罚或者因非法出境、非法居留、非法就业被遣返回国的,公安机关出入境管理机构自其刑罚执行完毕或者被遣返回国之日起六个月至 3 年以内不予签发普通护照。

短期出国的公民在国外发生护照遗失、被盗或者损毁不能使用等情形,应当向中华人民共和国驻外使馆、领馆或者外交部委托的其他驻外机构申请中华人民共和国旅行证。

二、旅行社组织中国公民出国(境)旅游管理制度

为了规范旅行社组织中国公民出国旅游活动,保障出国旅游者和出国旅游

---

① 《关于加强国家工作人员因私事出国(境)管理的暂行规定》(公通字〔2003〕13 号)第四条规定,下列国家工作人员(以下称"登记备案人员")申请因私事出国(境),须向户口所在地的公安机关出入境管理部门提交所在工作单位对申请人出国(境)的意见:(1)各级党政机关、人大、政协、人民法院、人民检察院、人民团体、事业单位在职的县(处)级以上领导干部,离(退)休的厅(局)级以上干部;(2)金融机构、国有企业的法人代表,县级以上金融机构领导成员及其相应职级的领导干部,国有大中型企业中层以上管理人员,国有控股、参股企业中的国有股权代表;(3)各部门、行业中涉及国家安全及国有资产安全、行业机密的人员。

经营者的合法权益,2002年5月27日国务院制定《中国公民出国旅游管理办法》(以下简称《管理办法》),取代了国务院1997年3月17日批准,国家旅游局、公安部1997年7月1日发布的《中国公民自费出国旅游管理暂行办法》(以下简称《暂行办法》)。《暂行办法》规定:中国公民出国旅游需向户口所在地公安机关交验旅游行政管理部门核发的《中国公民自费出国旅游审核证明》(以下简称《审核证明》)和组团社开具的旅游所需全额费用的发票,由公安机关确认组团社和参游人员的合法资格后,作出批准或者不批准的决定,参游人员经批准出境的,由公安机关出入境管理部门颁发护照,并附发出境登记卡。《管理办法》取消了《暂行办法》出国需出具《审核证明》的规定。《管理办法》明确了旅游行政管理部门出国旅游活动的管理权限,规定了组团社的义务和领队人员的职责,还对旅游者参与组团出国旅游活动的义务以及相关法律责任作了规定。

(一)出国旅游目的地国家的确定

出国旅游的目的地国家,由国务院旅游行政部门会同国务院有关部门提出,报国务院批准后,由国务院旅游行政部门公布。任何单位和个人不得组织中国公民到国务院旅游行政部门公布的出国旅游的目的地国家以外的国家旅游;组织中国公民到国务院旅游行政部门公布的出国旅游的目的地国家以外的国家进行涉及体育活动、文化活动等临时性专项旅游的,须经国务院旅游行政部门批准。

(二)旅行社经营出国旅游业务审批、公告制度

《管理办法》规定,旅行社经营出国旅游业务,应当具备下列条件:(1)取得国际旅行社资格满1年;(2)经营入境旅游业务有突出业绩;(3)经营期间无重大违法行为和重大服务质量问题。申请经营出国旅游业务的旅行社,应当向所在省、自治区、直辖市旅游行政部门提出申请。省、自治区、直辖市旅游行政部门应当自受理申请之日起30个工作日内,依据《管理办法》规定的条件对申请审查完毕,经审查同意的,报国务院旅游行政部门批准;经审查不同意的,应当书面通知申请人并说明理由。国务院旅游行政部门批准旅行社经营出国旅游业务,应当符合旅游业发展规划及合理布局的要求。未经国务院旅游行政部门批准取得出国旅游业务经营资格的,任何单位和个人不得擅自经营或者以商务、考察、培训等方式变相经营出国旅游业务。

《管理办法》规定,国务院旅游行政部门应当将取得出国旅游业务经营资格

的旅行社(以下简称"组团社")名单予以公布,并通报国务院有关部门。自《管理办法》施行后,2002 年 7 月 18 日,国家旅游局下发了《关于对经营中国公民出国旅游业务的旅行社名单(528 家)的公告》(国家旅游局公告 2002 年 10 号),批准中国国际旅行社总社等 528 家旅行社为经营中国公民出国旅游业务的组团社,同时取消了 1997 年批准的出国旅游组团社、代办点。2007 年 4 月 25 日,国家旅游局质量规范与管理司公布的"经营中国公民出国旅游业务的旅行社名单"共计有 797 家。

2009 年 2 月 20 日颁布的《旅行社条例》规定,旅行社取得经营许可满 2 年,且未因侵害旅游者合法权益受到行政机关罚款以上处罚的,可以申请经营出境旅游业务。申请经营出境旅游业务的,应当向国务院旅游行政主管部门或者其委托的省、自治区、直辖市旅游行政管理部门提出申请,受理申请的旅游行政管理部门应当自受理申请之日起 20 个工作日内作出许可或者不予许可的决定。予以许可的,向申请人换发旅行社业务经营许可证,旅行社应当持换发的旅行社业务经营许可证到工商行政管理部门办理变更登记;不予许可的,书面通知申请人并说明理由。

(三)确定年度出国旅游的人数总量

《管理办法》规定,国务院旅游行政部门根据上年度全国入境旅游的业绩、出国旅游目的地的增加情况和出国旅游的发展趋势,在每年的 2 月底以前确定本年度组织出国旅游的人数安排总量,并下达省、自治区、直辖市旅游行政部门。省、自治区、直辖市旅游行政部门根据本行政区域内各组团社上年度经营入境旅游的业绩、经营能力、服务质量,按照公平、公正、公开的原则,在每年的 3 月底以前核定各组团社本年度组织出国旅游的人数安排。国务院旅游行政部门应当对省、自治区、直辖市旅游行政部门核定组团社年度出国旅游人数安排及组团社组织公民出国旅游的情况进行监督。

(四)实行统一印制的《中国公民出国旅游团队名单表》

国务院旅游行政部门统一印制《中国公民出国旅游团队名单表》,在下达本年度出国旅游人数安排时编号发放给省、自治区、直辖市旅游行政部门,由省、自治区、直辖市旅游行政部门核发给组团社。组团社按照核定的出国旅游人数安排组织出国旅游团队,填写名单表。旅游者及领队首次出境或者再次出境,均应当填写在名单表中,经审核后的名单表不得增添人员。

《中国公民出国旅游团队名单表》从 2002 年 9 月 1 日起启用,1997 年版《中国公民自费出国旅游审核证明》和《中国公民自费出国旅游团队名单表》至 2002 年 8 月 31 日废止。名单表一式四联,分为:出境边防检查专用联、入境边防检查专用联、旅游行政部门审验专用联、旅行社自留专用联。组团社必须按规定内容认真填写和使用名单表,参团人员不受地域限制。团队出境前,组团社须将名单表送其所在地有权审验的旅游行政管理部门审核盖章,并将名单表第四联留存备查。领队人员带团出境时,须携带名单表第一至三联,在口岸出境时,将名单表第一、二联交边防检查站核查,边防检查站在名单表上加注实际出境人数并加盖验讫章后,留存名单表第一联;名单表第二、三联由领队人员保管,在团队入境时交边防检查站核查,边防检查站在名单表上加注实际入境人数并加盖验讫章后,留存名单表第二联,第三联由组团社在规定时间内交发放名单表的旅游行政管理部门核对留存。

(五)组团社及出境领队人员的义务

组团社应当为旅游团队安排出境旅游领队人员。[①] 出境旅游领队人员,是指接受具有出境旅游业务经营权的国际旅行社的委派,从事出境旅游领队业务的人员。这里所谓的领队业务,是指为出境旅游团提供旅途全程陪同和有关服务;作为组团社的代表,协同境外接待旅行社完成旅游计划安排;以及协调处理旅游过程中相关事务等活动。《旅游法》第三十六条规定,旅行社组织团队出境旅游或者组织、接待团队入境旅游,应当按照规定安排领队或者导游全程陪同。2017 年 11 月 1 日颁布的《导游管理办法》(国家旅游局令第 44 号)第三十六条规定,旅行社不按要求报备领队信息及变更情况,或者备案的领队不具备领队条件的,由县级以上旅游主管部门责令改正,并可以删除全国旅游监管服务信息系统中不具备领队条件的领队信息;拒不改正的,可以处 5000 元以下罚款。

---

① 2016 年 12 月 12 日由国家旅游局废止的《出境旅游领队人员管理》(国家旅游局令第 18 号)曾对领队证的领取,领队人员的职责均作了相关规定。目前符合条件的导游人员从事领队业务,不再需要办理领队证申领,而是由旅行社通过全国旅游监管服务信息系统报备。

旅游团队应当从国家开放口岸整团出入境。① 旅游团队出入境时,应当接受边防检查站对护照、签证、《中国公民出国旅游团队名单表》的查验。经国务院有关部门批准,旅游团队可以到旅游目的地国家按照该国有关规定办理签证或者免签证。旅游团队出境前已确定分团入境的,组团社应当事先向出入境边防检查总站或者省级公安边防部门备案。旅游团队出境后因不可抗力或者其他特殊事由确需分团入境的,领队应当及时通知组团社,组团社应当立即向有关出入境边防检查总站或者省级公安边防部门备案。

组团社应当维护旅游者的合法权益。组团社向旅游者提供的出国旅游服务信息必须真实可靠,不得作虚假宣传,报价不得低于成本。

组团社经营出国旅游业务,应当与旅游者订立书面旅游合同。旅游合同应当包括旅游起止时间、行程路线、价格、食宿、交通以及违约责任等内容。旅游合同由组团社和旅游者各持一份。

组团社应当按照旅游合同约定的条件,为旅游者提供服务。组团社应当保证所提供的服务符合保障旅游者人身、财产安全的要求;对可能危及旅游者人身安全的情况,应当向旅游者作出真实说明和明确警示,并采取有效措施,防止危害的发生。

组团社组织旅游者出国旅游,应当选择在目的地国家依法设立并具有良好信誉的境外接待社,并与之订立书面合同后,方可委托其承担接待工作。

组团社及其旅游团队领队应当要求境外接待社按照约定的团队活动计划安排旅游活动,并要求其不得组织旅游者参与涉及色情、赌博②、毒品内容的活动或者危险性活动,不得擅自改变行程、减少旅游项目,不得强迫或者变相强迫旅游者参加额外付费项目。境外接待社违反组团社及其旅游团队领队根据前款规定提出的要求时,组团社及其旅游团队领队应当予以制止。

旅游团队领队应当向旅游者介绍旅游目的地国家的相关法律、风俗习惯以及其他有关注意事项,并尊重旅游者的人格尊严、宗教信仰、民族风俗和生活习惯。

---

① 自 2013 年 7 月 1 日起施行的《中华人民共和国出境入境管理法》第十二条规定,中国公民有下列情形之一的,不准出境:(1)未持有效出境入境证件或者拒绝、逃避接受边防检查的;(2)被判处刑罚尚未执行完毕或者属于刑事案件被告人、犯罪嫌疑人的;(3)有未了结的民事案件,人民法院决定不准出境的;(4)因妨害国(边)境管理受到刑事处罚或者因非法出境、非法居留、非法就业被其他国家或者地区遣返,未满不准出境规定年限的;(5)可能危害国家安全和利益,国务院有关主管部门决定不准出境的;(6)法律、行政法规规定不准出境的其他情形。

② 《关于禁止出境旅游团队参与境外赌博活动的规定》(旅管理发〔2005〕135 号)就禁止出境旅游团队参与境外赌博活动作了明确的规定。

旅游团队领队在带领旅游者旅行、游览过程中,应当就可能危及旅游者人身安全的情况,向旅游者作出真实说明和明确警示,并按照组团社的要求采取有效措施,防止危害的发生。

旅游团队在境外遇到特殊困难和安全问题时,领队应当及时向组团社和中国驻所在国家使领馆报告;组团社应当及时向旅游行政部门和公安机关报告。

旅游团队领队不得与境外接待社、导游及为旅游者提供商品或者服务的其他经营者串通欺骗、胁迫旅游者消费,不得向境外接待社、导游及其他为旅游者提供商品或者服务的经营者索要回扣、提成或者收受其财物。

旅游者在境外滞留不归的,旅游团队领队应当及时向组团社和中国驻所在国家使领馆报告,组团社应当及时向公安机关和旅游行政部门报告。有关部门处理有关事项时,组团社有义务予以协助。

三、大陆居民赴台湾地区旅游管理办法

2006 年 4 月 16 日,公安部、国家旅游局、国务院台湾事务办公室下发了《大陆居民赴台湾地区旅游管理办法》(国家旅游局、公安部、国务院台湾事务办公室令第 26 号),经 2011 年 6 月 20 日《国家旅游局、公安部、国务院台湾事务办公室关于修改〈大陆居民赴台湾地区旅游管理办法〉的决定》第一次修改,经 2017 年 4 月 13 日《国家旅游局 公安部 国务院台湾事务办公室关于修改〈大陆居民赴台湾地区旅游管理办法〉的决定》第二次修改,该办法对大陆居民赴台湾旅游事宜作了专门的规定。

(一)现阶段大陆居民赴台湾地区旅游,可采取团队旅游或个人旅游两种形式

大陆居民赴台团队旅游须由指定经营大陆居民赴台旅游业务的旅行社组织,以团队形式整团往返。旅游团成员在台湾期间须集体活动。组团社由国家旅游局会同有关部门,从取得出境旅游业务经营许可并提出经营赴台旅游业务申请的旅行社范围内指定,但国家另有规定的除外。组团社名单由海峡两岸旅游交流协会公布。除被指定的组团社外,任何单位和个人不得经营大陆居民赴台旅游业务。台湾地区接待大陆居民赴台旅游的旅行社,经大陆有关部门会同

国家旅游局确认后,也由海峡两岸旅游交流协会公布。2008年7月,海峡两岸旅游交流协会向社会公布的第一批指定经营大陆居民赴台旅游业务旅行社名单,全国13个首批开放台湾游的省市里,共有33家旅行社可经营台湾游。2009年2月,海峡两岸旅游交流协会公布的第二批指定经营大陆居民赴台旅游业务旅行社名单达到113家。2010年7月,海峡两岸旅游交流协会又公布了18家第三批指定经营大陆居民赴台旅游业务旅行社名单。截至2018年9月,海峡两岸旅游交流协会公布的大陆居民赴台旅游组团社名单共311家。

2011年6月22日,国家旅游局颁布的《关于开展大陆居民赴台湾地区个人旅游的通知》(旅办发〔2011〕75号)规定,北京、上海、厦门三个城市①具有当地正式户籍的居民,可向其户口所在地公安机关出入境管理部门申请办理大陆居民往来台湾通行证及个人旅游签注,之后委托城市所在地指定经营大陆居民赴台湾旅游业务的旅行社,经台湾有接待大陆居民赴台湾旅游资质的旅行社,向台湾相关机构申请、代办入台相关出入境手续。大陆居民赴台湾地区个人旅游,在台湾的停留时间,自入境次日起不超过15天,并应在规定时间内返回大陆。

(二)大陆居民赴台团队旅游实行配额管理

配额由国家旅游局会同有关部门确认后,下达给组团社。赴台旅游团须凭《大陆居民赴台湾地区旅游团名单表》,从大陆对外开放口岸整团出入境。2008年6月21日施行的《〈大陆居民赴台湾地区旅游团名单表〉管理办法》规定,海峡两岸旅游交流协会根据大陆居民赴台湾地区旅游配额总量,印制相应数量的名单表,依据所指定经营大陆居民赴台旅游业务的旅行社的实际组团情况,将名单表委托有关省(市)旅游行政部门下达给组团社。名单表一式五联,分为:赴台湾地区边防检查专用联、返大陆边防检查专用联、省级旅游行政部门审验专用联、省级台办报备专用联、旅行社自留专用联。

(三)大陆居民赴台旅游应持有效的大陆居民往来台湾通行证,并根据其采取的旅游形式,办理团队旅游签注或个人旅游签注

《中国公民往来台湾地区管理办法》(2015年6月14日修订)规定,大陆居民申请前往台湾,须履行下列手续:(1)交验身份、户口证明。(2)填写前往台湾

---

① 截至2018年9月,海峡两岸旅游交流协会共公布了五批共47个城市的大陆居民赴台个人游。

申请表。(3)在职、在学人员须提交所在单位对申请人前往台湾的意见;非在职、在学人员须提交户口所在地公安派出所对申请人前往台湾的意见。(4)提交与申请事由相应的证明。经批准前往台湾的大陆居民,由公安机关签发或者签注旅行证件。大陆居民往来台湾的旅行证件系指大陆居民往来台湾通行证和其他有效旅行证件。大陆居民往来台湾通行证有效期为10年,实行逐次签注。签注分一次往返有效和多次往返有效。

按《大陆居民赴台湾地区旅游管理办法》规定,大陆居民赴台旅游,应向其户口所在地公安机关出入境管理部门申请办理大陆居民往来台湾通行证及相应签注①;参加团队旅游的,应事先在组团社登记报名。

(四)组团社须为每个团队委派领队,并要求地接社派导游全程陪同

赴台旅游领队应当具备法律、法规规定的领队条件,经省级旅游主管部门培训,由文化和旅游部指定。《国家旅游局办公室关于领队管理工作有关事宜的通知》(旅办发〔2017〕213号)规定,从事大陆居民赴台湾地区旅游领队业务的人员,应符合《大陆居民赴台湾地区旅游管理办法》规定的要求,暂不实施在线备案。《关于申请办理大陆居民赴台旅游领队证有关事项的通知》(旅办发〔2013〕83号)规定,申请办理大陆居民赴台旅游领队证的人员应符合《大陆居民赴台湾地区旅游领队人员管理办法》第二条规定的条件,经省级旅游行政部门资格审查、业务培训和考核达到合格。②

赴台旅游领队人员应当履行下列职责并遵守下列规定:

(1)遵守《大陆居民赴台湾地区旅游管理办法》的相关规定,维护大陆赴台旅游者的合法权益;

(2)协同接待社实施旅游行程计划,协助处理旅游行程中的突发事件及其他问题;

(3)对旅游过程中,可能危及旅游者人身、财物等方面的安全问题,应及时向旅游者作出明确告知,或提出劝导,并相机采取有效措施防止事故的发生;如遇到特殊问题,应及时向组团社报告;对旅游者不文明的言行举止,应

旅游法律法规精读本

---

① 《公安部关于大陆居民往来台湾地区管理工作有关问题的通知》(公通字〔2003〕77号)规定,大陆居民可凭本人居民身份证、户口簿及"入台许可"申请办理大陆居民往来台湾通行证及签注。

② 按照2008年6月21日颁布的《大陆居民赴台湾地区旅游领队人员管理办法》的规定,业务培训和考核内容包括:相关法规政策教育;思想道德教育;台湾地区的基本情况;领队人员的义务与职责;领队人员业务等。

予以提醒和劝阻；

（4）不得诱导和组织旅游者参与涉及色情、赌博、毒品等内容和有损两岸关系的活动，也不得为旅游者参与上述活动提供便利条件；

（5）不得与接待社、导游及为旅游者提供商品或者服务的其他经营者串通欺骗、胁迫旅游者消费，不得向接待社、导游及其他为旅游者提供商品或者服务的经营者索要回扣、提成或者收受其财物。

赴台旅游人员，违反相关规定的，参照《出境旅游领队人员管理办法》的有关规定进行处罚。

（五）经营大陆居民赴台旅游组团社注意事项

经营大陆居民赴台旅游业务的旅行社，应当选择备案于海峡两岸旅游交流协会的台湾地区接待大陆居民赴台旅游旅行社签订合同并向海峡两岸旅游交流协会备案。不得与未备案于海峡两岸旅游交流协会的台湾地区旅行社签订合同，并经营大陆居民赴台旅游业务。

组团社应当与接待社约定，按照合同安排完成旅游行程。不得安排涉及赌博、色情、毒品等内容和有损两岸关系的旅游活动。接待社违反合同约定的，组团社及其领队须及时予以纠正。

组团社不得以"赴台旅游"名义组织大陆居民赴台从事经济、文化、卫生、科技、教育、宗教、学术等领域的两岸交流活动及国际性活动。接待社在行程中擅自安排相关交流活动的，组团社和领队应责其纠正。

组团社应当与大陆赴台旅游者订立旅游合同（采纳国家旅游局会同国家工商行政管理总局联合制定的《大陆居民赴台湾地区旅游合同》示范文本 GF—2014—2403）。合同应包括旅游起止时间、行程路线、价格、食宿标准、交通工具、旅行保险及违约责任等内容。旅游合同由旅游者和组团社各持一份。组团社应当遵守合同约定，不得擅自改变行程、减少旅游项目，不得强迫或者变相强迫旅游者参加非合同约定的付费项目。

组团社应当向旅游者提供真实可靠的赴台旅游服务信息，不得作虚假宣传和虚假广告；不得以低于成本的价格进行不正当竞争，扰乱赴台旅游市场秩序。

组团社应当认真开好赴台旅游团队的行前说明会，向旅游者介绍台湾地区的基本情况、相关规定、风俗习惯、文明旅游的有关要求和注意事项。

组团社的赴台旅游领队应当具备法律、法规规定的领队条件，经省级旅游主管部门培训，由文化和旅游部指定。组团社在开展赴台旅游业务时，应组织领队人员参加培训,并建立相应的管理制度和责任制度。

组团社应建立应对突发事件的应急机制,切实加强赴台旅游团队的安全管理工作。在团队出发前,对涉及人身、财物等方面的安全问题,应当向旅游者作出明确告知;在旅游过程中,如出现可能危及旅游者生命、财产安全的情况,应当事先向旅游者提出劝导,并相机采取有效措施,严格防止事故的发生。如遇突发事件,应立即启动应急机制,以将损害降至最低。

团队在台旅游期间,组团社应当保持与领队的畅通联系。团队在台遇到特殊情况,如因病、因伤及其他自然灾害等不可抗拒的突发事件时,领队人员应当及时向组团社报告。组团社应当迅速报告省级旅游行政部门和有关部门,同时提出妥善的处理意见和建议。

如发生旅游者在台滞留不归的情形,领队人员应当及时向组团社报告,组团社应当及时向省级旅游行政部门和有关部门报告,省级旅游行政部门应当及时报告海峡两岸旅游交流协会。海峡两岸旅游交流协会和有关部门处理有关事项时,组团社应提供协助。

组团社应当建立赴台旅游总结制度,不断提高赴台旅游组织能力、服务能力、预判能力和应急能力。

四、旅行社组织内地居民赴香港、澳门旅游的相关规定

内地居民赴香港、澳门特别行政区旅游,应当持往来港澳通行证及有效签注。

组团社经营港澳游业务,须经文化和旅游部批准,且应在经香港、澳门旅游部门或行业协会推荐的范围内自行选择接待社。按照《关于内地居民赴香港澳门旅游有关问题的通知》(旅发〔2001〕91号)的相关规定,国家旅游局公告2002年第1号在已批准的4家港澳游组团社基础上,增加63家港澳游组团社,公布了内地共计67家港澳游组团社和香港68家接待社名单。2002年9月19日,国家旅游局颁布的《关于旅行社组织内地居民赴香港澳门旅游有关问题的通知》(以下简称《通知》)规定,从2002年10月1日起,按照《旅行社管理条例》,已批准的528家出国游组团社均可以经营内地居民赴港澳地区旅游组团业务。新颁布的《旅行社条例》规定,能经营出国旅游业务的旅行社均可组织内地居民

赴香港澳门旅游。《国家旅游局办公室关于落实内地与香港、澳门〈关于建立更紧密经贸关系安排补充协议九〉有关旅游措施的通知》（旅办发〔2012〕566号）规定，在内地设立的香港、澳门独资或合资旅行社依照《旅行社条例》《中国公民出国旅游管理办法》和《内地居民赴港澳旅游组团社与地接社合同要点》等有关规定从事经营活动，可以申请经营旅行社所在地省、自治区、直辖市正式户籍的居民前往香港、澳门的团队旅游业务，凭往来港澳通行证及签注和《内地居民赴香港、澳门特别行政区旅游团队名单表》从内地开放口岸出入境。

组团社与接待社应签订港澳游业务书面合同，明确双方的责任和义务。书面合同文本须报香港、澳门特区旅游管理部门（或行业协会）和内地省级旅游局备案。2011年1月28日，国家旅游局下发的《关于印发〈内地居民赴港旅游组团社与地接社合同要点〉的通知》（旅发〔2011〕3号）明确了内地居民赴港旅游组团社与地接社合同要点包括如下：

（1）明确双方名称、经营许可证及联络方式；

（2）明确组团社领队和地接社导游相关信息；

（3）双方确认旅游团吃、住、行、游、购、娱的具体安排，并特别指出在香港的购物场所、购物次数、停留时间；

（4）旅游团团费须注明包含项目、支付数额、支付时间、支付方式，如有自费项目，须注明内容和价格；

（5）明确组团社和领队的责任和义务；

（6）明确地接社和导游的责任和义务。

港澳地接社须持有香港特别行政区政府旅行代理商注册处发出的牌照；不得以低于接待服务成本的价格向内地组团社报价并承接旅游团；不得要求导游带领不支付或者支付的费用低于接待成本的团队出团，不得要求导游承担接待费用；委派接待旅游团的导游必须具有香港旅游业议会颁发的导游证；委派的导游在接待旅游团过程中，必须完全遵守香港旅游业议会的《会员的一般作业守则》《经营入境旅行服务守则》《导游作业守则》等相关规定；导游在游客抵达香港时，须及时派发符合香港旅游业议会规定的行程表和《内地赴港团体游旅客须知》；地接社和委派的导游不得欺骗或胁迫游客购物或强行要求游客参加需要另行自费的项目。

《关于印发〈内地居民赴港旅游组团社与地接社合同要点〉的通知》规定，组团社应当为港澳游团队派遣领队，每个领队人员一次带团人数不得超过40人。旅游团队应当按照确定的日期整团出入境，严禁参游人员在境外滞留。港澳游团队凭往来港澳通行证和《内地居民赴香港、澳门特别行政区旅游团队名单表》出入境。名单表一式四联,出团前应当由省级旅游行政管理部门审核,审核后的名单表不得增加人员。名单表第一、二联由内地边防检查站查验并在出入境时分别留存,第三联由香港入境事务处查验留存,第四联由澳门出入境事务厅查验留存(如团队有减员,分别由相关的内地、港、澳三地查验机关在第二联上注明)。组团社可在团队出发前24小时将名单表通过传真或电脑网络发至内地出境口岸边防检查站和香港或澳门入境口岸初检。

五、边境旅游

自1987年以来,我国陆续开办了对蒙古、朝鲜和独联体、东南亚国家的一日或多日边境旅游业务,开展得比较早的线路有吉林珲春至斯拉夫扬卡二日游、辽宁丹东至平壤至南浦五日游、二连浩特至乌兰巴托五日游、勐腊至勐赛二日游等。边境旅游的开展促进了旅游业的发展,取得了显著的经济和社会效益。为进一步扩大我国旅游业的对外开放,促进边境地区的经济繁荣和社会稳定,增进同毗邻国家人民的交往和友谊,1996年3月8日,国家旅游局颁布了《边境旅游暂行管理办法》,对边境旅游事宜作了专门的规定。

该办法所称的边境旅游,是指经批准的旅行社组织和接待我国及毗邻国家的公民,集体从指定的边境口岸出入境,在双方政府商定的区域和期限内进行的旅游活动。

该办法第六条规定,申请开办边境旅游业务的必备条件有:(1)经国务院批准对外国人开放的边境市、县。(2)有国家正式批准对外开放的国家一、二类口岸,口岸联检设施基本齐全。(3)有旅游行政管理部门批准可接待外国旅游者的旅行社。(4)具备就近办理参游人员出入境证件的条件。(5)具备交通条件和接待设施。(6)同对方国家边境地区旅游部门签订了意向性协议,内容包括双方组织边境旅游的具体形式、向对方旅游团提供的服务项目、活动范围以及结算方式;双方参游人员使用的出入境证件;双方组团单位负责教育本国参游人员遵守对方国家的法律法规,不携带双方国家禁止进出口的物品出入境;双方组团单位保障参游人员的合法权益,为参游人员办理人身意外保险;双方旅游部门维护边境地区的出入境秩序,保证旅游团按期返回本国,承担将对方滞

旅游法律法规精读本

留人员遣送回国的义务。

边境省、自治区公民参加本地区的边境旅游,应当向本地区有关承办旅行社申请,旅行社统一向公安机关出入境管理部门申办出境证件;非边境省、自治区的公民参加边境旅游,应当向其户口所在地授权经营出国旅游业务的一类旅行社申请,按规定向户口所在地公安机关出入境管理部门申办出境证件①,并由边境地区有关旅行社统一办理出入境手续和安排境外旅游活动。

双方参游人员应持用本国有效护照或代替护照的有效国际旅行证件,或两国中央政府协议规定的有效证件。双方旅游团出入国境的手续按各自国家有关规定办理,签有互免签证协议的,按协议办理;未签有互免签证协议的,须事先办妥对方国家的入境签证。双方旅游团应集体出入国境,并交验旅游团名单,由边防检查机关按规定验证放行。对双方参游人员携带的进出境行李物品,我国海关按《中华人民共和国海关对进出境旅客行李物品监管办法》及有关规定办理验放手续。

六、外国人签证、居留的相关规定

(一)签　证

根据《中华人民共和国出境入境管理法》《中华人民共和国外国人入境出境管理条例》及有关规定,外国人入境,应当向中国的外交代表机关、领事机关或者外交部授权的其他驻外机关申请办理签证,根据互免签证协议,免办签证入境的外国人可以不办理签证。② 2004 年 4 月 1 日起实施的《外国人签证和居留

---

①　2007 年 10 月 25 日,公安部颁布的《中华人民共和国普通护照和出入境通行证签发管理办法》(公安部令第 96 号)(2011 年 12 月 20 日修订)第二十条规定,公民参加经国务院或者国务院主管部门批准的边境旅游线路边境旅游的,可以由本人向边境地区县级以上地方人民政府公安机关出入境管理机构申请签发 3 个月 1 次出入境有效的出入境通行证,并从公安部规定的口岸出入境。

②　根据 2010 年 5 月 29 日海南省人民政府颁布的《外国人免签证来琼旅游团服务和管理办法》(海南省政府令第 229 号)规定,经国务院批准的国家的公民,在规定的停留时间内,持普通护照在海南省行政区域内以组团方式旅游可以免办签证。而根据 2018 年 5 月 1 日起施行的《免签证来琼旅游外国人服务和管理办法》(海南省人民政府令第 277 号)的规定,经国务院特别批准的国家的公民,在规定的停留时间内,持普通护照或者其他有效证件在海南省行政区域内旅游可以免办签证。

许可工作规范》第二条规定,受理、审批、制作和签发外国人签证和居留许可的机关是直辖市公安局出入境管理处(局)以及设有出入境管理专门机构的地市公安机关出入境管理部门。省、自治区公安厅出入境管理处(局)在特殊情况下也可以受理、审批、制作和签发外国人签证和居留许可。

签证分为外交签证、礼遇签证、公务签证、普通签证。对因外交、公务事由入境的外国人,签发外交、公务签证;对因身份特殊需要给予礼遇的外国人,签发礼遇签证。外交签证、礼遇签证、公务签证的签发范围和签发办法由外交部规定。对因工作、学习、探亲、旅游、商务活动、人才引进等非外交、公务事由入境的外国人,签发相应类别的普通签证。外国人申请办理签证,应当向驻外签证机关提交本人的护照或者其他国际旅行证件,以及申请事由的相关材料,按照驻外签证机关的要求办理相关手续、接受面谈。外国人申请办理签证需要提供中国境内的单位或者个人出具的邀请函件的,申请人应当按照驻外签证机关的要求提供。出具邀请函件的单位或者个人应当对邀请内容的真实性负责。

普通签证根据外国人申请来中国的事由,并在签证上标明相应的汉语拼音字母,详见表 6-1。

表 6-1　签证类型、颁发对象以及相应的证明材料

签证类型	颁发对象	需提供的证明材料
C 字签证	发给执行乘务、航空、航运任务的国际列车乘务员、国际航空器机组人员、国际航行船舶的船员及船员随行家属和从事国际道路运输的汽车驾驶员	应当提交外国运输公司出具的担保函件或者中国境内有关单位出具的邀请函件
D 字签证	发给入境永久居留的人员	应当提交中国公安部签发的外国人永久居留身份确认表
F 字签证	发给入境从事交流、访问、考察等活动的人员	应当提交中国境内的邀请方出具的邀请函件
G 字签证	发给经中国过境的人员	应当提交前往国家(地区)的已确定日期和座位的联程机(车、船)票
J 字签证	J1 字签证,发给外国常驻中国新闻机构的外国常驻记者;J2 字签证,发给入境进行短期采访报道的外国记者	应当按照中国有关外国常驻新闻机构和外国记者采访的规定履行审批手续并提交相应的申请材料
L 字签证	发给入境旅游的人员;以团体形式入境旅游的,可以签发团体 L 字签证	应当按照要求提交旅行计划行程安排等材料;以团体形式入境旅游的,还应当提交旅行社出具的邀请函件
M 字签证	发给入境进行商业贸易活动的人员	应当按照要求提交中国境内商业贸易合作方出具的邀请函件

签证类型	颁发对象	需提供的证明材料
Q 字签证	Q1 字签证,发给因家庭团聚申请入境居留的中国公民的家庭成员和具有中国永久居留资格的外国人的家庭成员,以及因寄养等事由申请入境居留的人员;Q2 字签证,发给申请入境短期探亲的居住在中国境内的中国公民的亲属和具有中国永久居留资格的外国人的亲属	申请 Q1 字签证,因家庭团聚申请入境居留的,应当提交居住在中国境内的中国公民或具有中国永久居留资格的外国人出具的邀请函件和家庭成员关系证明,因寄养等事由申请入境的,应当提交委托书等证明材料;申请 Q2 字签证,应当提交居住在中国境内的中国公民或具有永久居留资格的外国人出具的邀请函件等证明材料
R 字签证	发给国家需要的外国高层次人才和急需紧缺专门人才	应当符合中国政府有关主管部门确定的外国高层次人才和急需紧缺专门人才的引进条件和要求,并按照规定提交相应的证明材料
S 字签证	S1 字签证,发给申请入境长期探亲的因工作、学习等事由在中国境内居留的外国人的配偶、父母、未满 18 周岁的子女、配偶的父母,以及因其他私人事务需要在中国境内居留的人员;S2 字签证,发给申请入境短期探亲的因工作、学习等事由在中国境内停留居留的外国人的家庭成员,以及因其他私人事务需要在中国境内停留的人员	申请 S1 字及 S2 字签证,应当按照要求提交因工作、学习等事由在中国境内停留居留的外国人出具的邀请函件、家庭成员关系证明,或者入境处理私人事务所需的证明材料
X 字签证	X1 字签证,发给申请在中国境内长期学习的人员;X2 字签证,发给申请在中国境内短期学习的人员	申请 X1 字签证,应当按照规定提交中国境内招收单位出具的录取通知书和主管部门出具的证明材料;申请 X2 字签证,应当按照规定提交中国境内招收单位出具的录取通知书等证明材料
Z 字签证	发给申请在中国境内工作的人员	应当按照规定提交工作许可等证明材料

(二)居 留

居留分为停留居留和永久居留。

外国人所持签证注明的停留期限不超过 180 日的,持证人凭签证并按照签证注明的停留期限在中国境内停留。外国人所持签证注明入境后需要办理居留证件的,应当自入境之日起 30 日内,向拟居留地县级以上地方人民政府公安机关出入境管理机构申请办理外国人居留证件。申请办理外国人居留证件,应当提交本人的护照或者其他国际旅行证件,以及申请事由的相关材料,并留存指纹等人体生物识别信息。外国人工作类居留证件的有效期最短为 90 日,最长为 5 年;非工作类居留证件的有效期最短为 180 日,最长为 5 年。外国人居留证件的登记项目包括:持有人姓名、性别、出生日期、居留事由、居留期限,签发日期、地点,护照或者其他国际旅行证件号码等。

居留证件的种类及需提交的证明材料,详见表 6-2。

表 6-2　居留证件类型、颁发对象以及相应的证明材料

居留证件 类型	颁发对象	需提供的证明材料
工作类 居留证件	发给在中国境内工作的人员	应当提交工作许可等证明材料;属于国家需要的外国高层次人才和急需紧缺专门人才的,应当按照规定提交有关证明材料
学习类 居留证件	发给在中国境内长期学习的人员	应当按照规定提交招收单位出具的注明学习期限的函件等证明材料
记者类 居留证件	发给外国常驻中国新闻机构的外国常驻记者	应当提交中国境内有关主管部门出具的函件和核发的记者证
团聚类 居留证件	发给因家庭团聚需要在中国境内居留的中国公民的家庭成员和具有中国永久居留资格的外国人的家庭成员,以及因寄养等事由需要在中国境内居留的人员	因家庭团聚需要在中国境内居留的,应当提交家庭成员关系证明和与申请事由相关的证明材料;因寄养等事由需要在中国境内居留的,应当提交委托书等证明材料
私人事务类 居留证件	发给入境长期探亲的因工作、学习等事由在中国境内居留的外国人的配偶、父母、未满 18 周岁的子女、配偶的父母,以及因其他私人事务需要在中国境内居留的人员	长期探亲的,应当按照要求提交亲属关系证明、被探望人的居留证件等证明材料;入境处理私人事务的,应当提交因处理私人事务需要在中国境内居留的相关证明材料
备　注	外国人申请有效期 1 年以上的居留证件的,应当按照规定提交健康证明。健康证明自开具之日起 6 个月内有效。	

外国人在中国境内停留居留,不得从事与停留居留事由不相符的活动,并应当在规定的停留居留期限届满前离境。年满 16 周岁的外国人在中国境内停留居留,应当随身携带本人的护照或者其他国际旅行证件,或者外国人停留居留证件,接受公安机关的查验。在中国境内居留的外国人,应当在规定的时间内到居留地县级以上地方人民政府公安机关交验外国人居留证件。外国人在中国境内旅馆住宿的,旅馆应当按照旅馆业治安管理的有关规定为其办理住宿登记,并向所在地公安机关报送外国人住宿登记信息。外国人在旅馆以外的其他住所居住或者住宿的,应当在入住后 24 小时内由本人或者留宿人,向居住地

的公安机关办理登记。

对中国经济社会发展作出突出贡献或者符合其他在中国境内永久居留条件的外国人,经本人申请和公安部批准,取得永久居留资格。取得永久居留资格的外国人,凭永久居留证件在中国境内居留和工作,凭本人的护照和永久居留证件出境入境。2004年8月15日,公安部、外交部颁布的《外国人在中国永久居留审批管理办法》(中华人民共和国公安部、中华人民共和国外交部令第74号)规定:被批准在中国永久居留的外国人,由公安部签发外国人永久居留证。外国人永久居留证是获得在中国永久居留资格的外国人在中国境内居留的合法身份证件,可以单独使用。获得在中国永久居留资格的外国人,凭有效护照和外国人永久居留证出入中国国境。外国人永久居留证的有效期为5年或者10年。被批准在中国永久居留的未满18周岁的外国人,发给有效期为5年的外国人永久居留证;被批准在中国永久居留的18周岁以上的外国人,发给有效期为10年的外国人永久居留证。持有外国人永久居留证的外国人应当在证件有效期满前1个月以内申请换发;证件内容变更的,应当在情况变更后1个月以内申请换发;证件损坏或者遗失的,应当及时申请换发或者补发。

七、本章拓展解读

旅行社收取出国保证金的理由恰当吗?

某些旅行社在组织公民出国旅游的时候,会向旅游者收取几万元的出国保证金。其收取理由大致如下。

理由1:如果游客非法滞留境外不归,当旅游行政部门对旅行社予以罚款处理后,旅行社可以没收保证金的方式来获得补偿。如果旅游结束后,参团人员按时回国的话,保证金会全部退还给游客。

理由2:收取出国保证金是旅行社为游客办理签证中的一个必备的事项。

理由3:收取出国保证金是我国从事出境游的旅行社的行业惯例。

实际上,上述理由均不成立,分述如下。

（一）游客非法滞留境外，旅行社并非一定会受到旅游行政部门的处罚

首先，游客非法滞留境外，主责在游客自身，并非旅行社的过错。实践中，游客出国旅游前，旅行社会告知出国旅游注意事项，往往会提醒游客不得非法滞留境外；游客与旅行社签订的出境旅游合同也会明确约定，游客不得在境外非法滞留。

其次，游客非法滞留境外，旅行社也并不是必然会被处罚。根据《旅行社条例》第六十三条规定，旅行社及其委派的导游人员、领队人员有下列情形之一的，由旅游行政管理部门责令改正，对旅行社处 2 万元以上 10 万元以下的罚款；对导游人员、领队人员处 4000 元以上 2 万元以下的罚款；情节严重的，责令旅行社停业整顿 1 个月至 3 个月，或者吊销旅行社业务经营许可证、导游证：(1)发生危及旅游者人身安全的情形，未采取必要的处置措施并及时报告的；(2)旅行社组织出境旅游的旅游者非法滞留境外，旅行社未及时报告并协助提供非法滞留者信息的；(3)旅行社接待入境旅游的旅游者非法滞留境内，旅行社未及时报告并协助提供非法滞留者信息的。

由此可见，当出现出境旅游的旅游者非法滞留境外时，只有当旅行社未及时报告并协助提供非法滞留者信息时，才会被旅游行政管理部门责令改正，处 2 万元以上 10 万元以下的罚款。

（二）游客交纳的出国保证金不等同于游客的资信证明，也并非办理签证时的必备事项

游客出境必须办理签证（免签证地区除外）。实践中，出境旅游目的地国家驻中国的使领馆在办理涉及旅游目的的签证事项时，往往并不直接针对游客个体办理，而是规定必须由旅行社来代办。办理签证时，往往要求游客出具能证明游客具备特定经济资信状况的存款证明书或房产权属证明，并不要求游客交纳一定的保证金。由此可见，游客交纳出国保证金与否与游客签证能否办出根本不同。

（三）收取出国保证金并非我国从事出境游的旅行社的行业惯例

交纳保证金体现的是以保证金为内容的担保法律关系，与旅游合同关系并非同一法律关系，我国法律法规也未明确规定出国旅游，游客必须向旅行社交

纳出国保证金。

当游客与旅行社发生返还保证金纠纷时,若未将保证金条款之内容写入旅游合同,法院往往会将纠纷性质认定为以保证金为内容的担保法律关系,而非旅游合同法律关系,最终在确定案由时,就会将其与旅游合同纠纷作为不同的案由来处理。一旦保证金支付与旅游合同分割开来的话,若保证金并非由与游客直接签订旅游合同的旅行社来收取,那么游客起诉时,就不便将签约旅行社作为被告起诉,可能导致无法胜诉。实践中曾发生过,旅行社将游客的保证金交给邮轮公司来办理签证,虽然邮轮公司最终办好了签证,但却卷保证金款而逃的事件。旅行社为何要将保证金都交给邮轮公司呢?其原因在于,出游目的地国家驻中国某一区域的领事馆根据其驻地的不同,往往只受理具备周边某几个省份户籍的签证,对于非特定户籍省份的游客的签证,往往不予办理。为此,旅行社只得走捷径,试图通过邮轮公司代办签证,结果上当受骗。

第七章　景区法规制度

一、《旅游法》涉景区条款解读

　　《旅游法》中提及的"景区"是指为旅游者提供游览服务,有明确的管理界线的场所或者区域。该定义并没有对景区内部是否具有观赏、文化娱乐等功能或相应的科学价值作出规定,可见这里的"景区"概念的外延范围很广。旅游景区、风景名胜区均符合该定义所指,甚至水利风景区①也包括在内。

　　《旅游法》第四十二条是关于景区开放②条件的规定。根据该条的规定,景区开放应当具备以下条件:(1)有必要的旅游配套服务和辅助设施;(2)有必要的安全设施及制度,经过安全风险评估,满足安全条件;(3)有必要的环境保护设施和生态保护措施;(4)符合法律、行政法规规定的其他条件③。景区除了具备上述条件外,还应当听取旅游主管部门的意见。旅游主管部门可以对景区是否具备开放的条件进行调查,提出意见或者改进的建议。景区根据旅游主管部门的意见或者建议,应对景区的有关设施、制度或者措施进行完善。

　　《旅游法》第四十三条是关于公益性旅游资源收费的规定,该条规定与《旅游法》第四条中特别提到的"利用公共资源建设的游览场所应当体现公益性质"

---

　　①　《水利风景区管理办法》第三条规定,水利风景区是指以水域(水体)或水利工程为依托,具有一定规模和质量的风景资源与环境条件,可以开展观光、娱乐、休闲、度假或科学、文化、教育活动的区域。

　　②　这里提及的"开放",并非"设立",景区设立有其法定条件,景区开放的条件则要求更高。

　　③　比如《环境保护法》第十八条规定:"在国务院、国务院有关主管部门和省、自治区、直辖市人民政府划定的风景名胜区、自然保护区和其他需要特别保护的区域内,不得建设污染环境的工业生产设施;建设其他设施,其污染物排放不得超过规定的排放标准。已经建成的设施,其污染物排放超过规定的排放标准的,限期治理。"

相呼应。公益性旅游资源主要包括利用公共资源建设的景区以及公益性的城市公园、博物馆、纪念馆等。利用公共资源建设的景区,是指以自然景观和文化景观等公共资源为依托建设的自然景观类景区和文化景观类旅游景区,包括世界遗产、自然保护区、文物保护单位、历史文化名城等。利用公共资源建设的景区不包括主题公园、人造景点、旅游度假区等商业开发型的景区。公益性旅游资源主要利用公共资源建设,具有公共产品性质,不归所在地区和任何利益集团或个人所有。从社会公益性角度看,公益性旅游资源的设立宗旨是满足全体公民在提高生活情趣、增长知识、接受教育等方面的需要,是一种满足公共需要的公共产品。公益性旅游资源的收费应不同于商业性旅游资源,其收费的目的主要是补偿资源和环境建设成本,弥补管理运营经费,而不是获取商业利益。根据该条的规定,公益性旅游资源的收费主要有以下三个方面的内容:(1)利用公共资源建设的景区的门票以及景区内的游览场所、交通工具等另行收费项目,实行政府定价或者政府指导价。另外,利用公共资源建设的景区内可能还存在一些另行收费项目,例如单独设置的游览场所以及缆车、观光车、游船等交通工具。这些另行收费项目依托景区而建设开发,其存在也是为了满足公众旅游需求,这些另行收费项目也应当实行政府定价或者政府指导价。(2)关于另行收费项目的管理规定。包含了不得通过增加另行收费项目等方式变相涨价和另行收费;项目已收回投资成本的,应当相应降低价格或者取消收费这两层意思。(3)关于公益性的城市公园、博物馆、纪念馆逐步免费开放事宜。公益性的城市公园、博物馆、纪念馆免费开放,有利于实现弘扬民族精神、继承历史文化、提供休闲娱乐等公益性的功能,有利于发挥公益性的城市公园、博物馆和纪念馆作为公益性文化娱乐场所的社会价值,有利于加强国际文化交流和中华民族优秀文化的宣传和推广。从世界范围看,公益性的城市公园、博物馆、纪念馆免费开放,也是普遍发展趋势。

《旅游法》第四十四条是关于景区门票价格管理的规定。景区门票价格直接关系到旅游者的合法权益,景区门票价格管理是旅游市场管理的重要环节,保持合理、稳定的价格水平,也是旅游市场健康发展的前提。该条分三款,对景区门票价格管理的三个方面作出了规定:(1)关于景区门票价格公示制度。该条规定景区应当在醒目位置公示门票价格、另行收费项目的价格及团体收费价格。景区提高门票价格应当提前6个月公布。国家发展改革委《关于进一步规范游览参观点门票价格管理工作的通知》(发改价格〔2005〕712号)也明确提出要建立门票价格情况定期公布制度,各地应定期公布各游览参观点门票价格、游客数量等主要情况,提高透明度,接受社会监督。(2)关于景区联票的规定。根据国家有关规定,游览参观点门票原则上应实行一票制,若将不同景区的门票或者同一景区内不同游览场所的门票合并成联票出售,合并后的价格不得高于各单项门票的价格之和,否则就是变相提高门票价格。旅游者作为消费者,有权自主选择参观游览哪些景区或者场所,强行要求游客购买联票,实际剥夺了旅游者的自主选择权。因此本条规定旅游者有权选择购买其中的单项票。(3)景区内的核心游览项目关闭应减少收费。当景区内的核心游览项目因故暂停向旅游者开放或者停止提供服务时,如果依然向旅游者收取原定的收费,实际违背了价格与价值之间的平衡关系,对旅游者造成价格上的不公平。因此,该条规定景区内的核心游览项目因故暂停向旅游者开放或者停止提供服务的,应当公示并相应减少收费。

《旅游法》第四十五条是关于景区旅游者流量控制制度的规定。一个旅游景区在同一时间内旅游者的过度密集会引发许多安全问题、环境问题,甚至会激发社会矛盾,乃至影响该区域旅游经济的可持续发展,可见依据景区最大承载量实施旅游者流量控制在维护旅游者权益、保护生态环境、完善景区管理等方面具有重要意义。该条第一款规定景区接待旅游者不得超过景区主管部门核定的最大承载量,同时规定了景区负有实施旅游者流量控制的责任。景区经营者应当根据景区空间大小、景点分布、交通工具承载力、服务设施接待能力、管理人员数量、应急救援能力等各方面情况制定旅游者流量控制方案。该条第二款规定景区可能达到最大承载时的处置措施。对于景区而言,旅游者数量可能达到最大承载量时,首先应当提前发布公告,让旅游者及时知晓。景区发布公告的同时,应当向当地人民政府报告,便于当地政府及时采取措施。除了向公众公告以及向当地政府报告外,景区还应当及时采取措施疏导、分流旅游者。例如根据景区各景点游客分布情况,调整游览路线,加强游客引导或者暂停开放景区等。

二、风景名胜区的立法概述、分类、设立与保护

(一)立法概述

风景名胜区,是指具有观赏、文化或者科学价值,自然景观、人文景观比较

集中,环境优美,可供人们游览或者进行科学、文化活动的区域。风景名胜区是珍贵的、不可再生的自然文化遗产。1985 年 6 月 7 日,国务院颁布的《风景名胜区管理暂行条例》,对风景名胜资源的保护、合理利用和开发,发挥了积极的作用。1987 年 6 月 10 日,城乡建设环境保护部依据《风景名胜区管理暂行条例》,制定了《风景名胜区管理暂行条例实施办法》,对风景名胜区的保护、规划、建设、管理作了详尽的规定。但随着我国旅游经济、文化事业的不断发展,《风景名胜区管理暂行条例》已经不能适应当前风景名胜区管理工作的需要,实践中出现了一些亟待解决的问题。比如,在景区内大兴土木,乱搞开发;将景区变成能源和原材料基地实施超强度开发;在景区内增设大量现代人文景观,破坏了景观的真实性;景区超环境容量接待游客,造成景区景观和植被严重受损等。为解决这些问题,在总结过去 20 余年风景名胜区管理实践经验的基础上,国务院修订了《风景名胜区管理暂行条例》,于 2006 年 9 月 6 日颁布了《风景名胜区条例》,2006 年 12 月 1 日起正式施行。《风景名胜区条例》共七章五十二条,分设总则、设立、规划、保护、利用和管理、法律责任、附则七章。

(二)分　类

《风景名胜区条例》将风景名胜区划分为国家级风景名胜区和省级风景名胜区,取消了《风景名胜区管理暂行条例》规定的市、县级风景名胜区的划分。[①]自然景观和人文景观能够反映重要自然变化过程和重大历史文化发展过程,基本处于自然状态或者保持历史原貌,具有国家代表性的,可以申请设立国家级风景名胜区[②];具有区域代表性的,可以申请设立省级风景名胜区。

(三)设　立

设立国家级风景名胜区,由省、自治区、直辖市人民政府提出申请,国务院建设主管部门会同国务院环境保护主管部门、林业主管部门、文物主管部门等有关部门组织论证,提出审查意见,报国务院批准公布。设立省级风景名胜区,

---

① 《风景名胜区管理暂行条例》将风景名胜区按其景物的观赏、文化、科学价值和环境质量、规模大小、游览条件等,划分为三级:(1)市、县级风景名胜区,由市、县主管部门组织有关部门提出风景名胜资源调查评价报告,报市、县人民政府审定公布,并报省级主管部门备案;(2)省级风景名胜区,由市、县人民政府提出风景名胜资源调查评价报告,报省、自治区、直辖市人民政府审定公布,并报城乡建设环境保护部备案;(3)国家重点风景名胜区,由省、自治区、直辖市人民政府提出风景名胜资源调查评价报告,报国务院审定公布。

② 截至 2017 年年底,国务院先后审定公布了 9 批共 244 处国家级风景名胜区。

由县级人民政府提出申请,省、自治区人民政府建设主管部门或者直辖市人民政府风景名胜区主管部门,会同其他有关部门组织论证,提出审查意见,报省、自治区、直辖市人民政府批准公布。

申请设立风景名胜区应当提交包含下列内容的有关材料:

(1)风景名胜资源的基本状况;

(2)拟设立风景名胜区的范围以及核心景区的范围;

(3)拟设立风景名胜区的性质和保护目标;

(4)拟设立风景名胜区的游览条件;

(5)与拟设立风景名胜区内的土地、森林等自然资源和房屋等财产的所有权人、使用权人协商的内容和结果。①

2004年1月9日,建设部颁布的《国家重点风景名胜区审查办法》规定,申报国家重点风景名胜区必须经省(自治区、直辖市)人民政府审定公布为省(自治区、直辖市)级风景名胜区2年以上,风景名胜区面积必须在10平方千米以上。

(四)保 护

《风景名胜区条例》对进一步处理好风景名胜资源的保护与利用,作出了明确的规定,确立了"严格保护、永续利用"的原则,并设专章对保护问题作出具体的规定。保护的基本要求是"风景名胜区内的景观和自然环境,应当根据可持续发展的原则,严格保护,不得破坏或者随意改变"。风景名胜区保护的规制面包括了开发商的开发行为、游客的个人游览行为,以及相关主体在景区内的活动等。

《风景名胜区条例》第二十六条规定,在风景名胜区内禁止进行下列活动:(1)开山、采石、开矿、开荒、修坟立碑等破坏景观、植被和地形地貌的活动;(2)修建储存爆炸性、易燃性、放射性、毒害性、腐蚀性物品的设施;(3)在景物或者设施上刻画、涂污;(4)乱扔垃圾。《风景名胜区条例》第二十七条规定,禁止违反风景名胜区规划,在风景名胜区内设立各类开发区和在核心景区内建设宾馆、招待所、培训中心、疗养院以及与风景名胜资源保护无关的其他建筑物;已

---

① 《条例》第十一条明确规定:风景名胜区内的土地、森林等自然资源和房屋等财产的所有权人、使用权人的合法权益受法律保护。申请设立风景名胜区的人民政府应当在报请审批前,与风景名胜区内的土地、森林等自然资源和房屋等财产的所有权人、使用权人充分协商。因设立风景名胜区对风景名胜区内的土地、森林等自然资源和房屋等财产的所有权人、使用权人造成损失的,应当依法给予补偿。

经建设的,应当按照风景名胜区规划,逐步迁出。在风景名胜区内从事《风景名胜区条例》第二十六、二十七条禁止范围以外的建设活动,应当经风景名胜区管理机构审核后,依照有关法律、法规的规定办理审批手续。在国家级风景名胜区内修建缆车、索道等重大建设工程,项目的选址方案应当报国务院建设主管部门核准。《风景名胜区条例》第二十九条规定,在风景名胜区内进行下列活动,应当经风景名胜区管理机构审核后,依照有关法律、法规的规定报省、自治区人民政府建设主管部门和直辖市人民政府风景名胜区主管部门核准:(1)设置、张贴商业广告;(2)举办大型游乐等活动;(3)改变水资源、水环境自然状态的活动;(4)其他影响生态和景观的活动。《风景名胜区条例》第三十条规定,风景名胜区内的建设项目应当符合风景名胜区规划,并与景观相协调,不得破坏景观、污染环境、妨碍游览。在风景名胜区内进行建设活动的,建设单位、施工单位应当制定污染防治和水土保持方案,并采取有效措施,保护好周围景物、水体、林草植被、野生动物资源和地形地貌。

　　总的来看,《风景名胜区条例》的颁布,有助于制止景区破坏性建设①和"商业化、人工化、城市化"②的趋向。

三、旅游景区的概念、分类与评定

(一)概　念

　　2012 年 5 月 1 日起施行的《旅游景区质量等级管理办法》第二条规定,旅游景区③是指可接待旅游者,具有观赏游憩、文化娱乐等功能,具备相应旅游服务设施并提供相应旅游服务,且具有相对完整管理系统的游览区。2004 年 10 月

---

　　①　破坏性建设行为的主要后果是损害景区的原有价值,比如对文物古迹修建如新、某些历史遗址地重建,这类行为与不改变文物原状的原则格格不入,破坏了文化古迹的历史原貌,损减了本具有的历史文化价值。

　　②　"商业化"是指对景区进行的以营利性而非社会公益性为目的的改造;"人工化"是指有损景区自然性特征的改造;"城市化"是指违背景区独立完整生态系统的改造,主要表现为城市构成要素在景区内集中。以上"三化"现象与风景名胜资源的性质与功能格格不入,会导致景区资源的自然度、美感度、灵感度损减,是近些年来对景区资源破坏的主要方式。

　　③　旅游景区并不等同于风景名胜区,两者设立管理适用的法规依据不同,主管的部门不同,分类也不同。实践中风景名胜区往往也是旅游景区,但旅游景区并非都是风景名胜区。

28 日,国家质量监督检验检疫总局发布的国家标准《旅游景区质量等级的划分与评定》(GB/T 17775—2003)提及"旅游景区是以旅游及其相关活动为主要功能或主要功能之一的空间或地域。本标准中旅游景区具有参观游览、休闲度假、康乐健身等功能,具备相应旅游服务设施并提供相应旅游服务的独立管理区。该管理区应有统一的经营管理机构和明确的地域范围。包括风景区、文博院馆、寺庙观堂、旅游度假区、自然保护区、主题公园、森林公园、地质公园、游乐园、动物园、植物园及工业、农业、经贸、科教、军事、体育、文化艺术等各类旅游景区。"

(二)分　类

为了全面推行旅游区(点)质量等级评定工作,规范旅游区(点)质量管理,提高其服务水平,促进旅游区(点)质量等级评定工作的规范化、制度化,1999年 9 月 30 日,国家旅游局颁布《旅游区(点)质量等级评定办法》,规定凡在中华人民共和国境内,正式开业接待旅游者 1 年以上的旅游区(点),包括旅游景区景点、主题公园、游乐园、度假区、自然保护区、风景名胜区、森林公园、动物园、植物园、文博院馆、美术馆等(不包括园中园、景中景等内部旅游地),均可申请参加质量等级评定。该办法将旅游区(点)质量等级划分为四级,从高到低依次为一、二、三、四级①旅游区(点),并在国家标准《旅游区(点)质量等级的划分与评定》(GB/T 17775—1999)中规定了各等级划分的依据、条件及评定的基本要求。其后,《旅游区(点)质量等级的划分与评定》(GB/T 17775—1999)经过修订,现行适用的《旅游景区质量等级的划分与评定》(GB/T 17775—2003),将旅游景区质量等级划分为五级,从高到低依次为 AAAAA(5A)、AAAA(4A)、AAA(3A)、AA(2A)、A(1A)级旅游景区。

(三)评　定

《旅游景区质量等级管理办法》规定了旅游景区质量等级的申请与评定要求。

3A 级及以下等级旅游景区由全国旅游景区质量等级评定委员会授权各省级旅游景区质量等级评定委员会负责评定,省级旅游景区评定委员会可向条件成熟的地市级旅游景区评定委员会再行授权;4A 级旅游景区由省级旅游景区

旅游法律法规精读本

---

① 此处的一级即 AAAA 级、二级即 AAA 级、三级即 AA 级、四级即 A 级。

质量等级评定委员会推荐,全国旅游景区质量等级评定委员会组织评定;被公告为4A级3年以上的旅游景区可申报5A级旅游景区,5A级旅游景区由省级旅游景区质量等级评定委员会推荐,全国旅游景区质量等级评定委员会组织评定。

申报3A级及以下等级的旅游景区,由所在地旅游景区评定机构逐级提交评定申请报告、《旅游景区质量等级评定报告书》和创建资料,创建资料包括景区创建工作汇报、服务质量和环境质量具体达标说明和图片、景区资源价值和市场价值具体达标说明和图片。省级或经授权的地市级旅游景区评定机构组织评定,对达标景区直接对外公告,颁发证书和标牌,并报全国旅游景区质量等级评定委员会备案。

申报4A级的旅游景区,由所在地旅游景区评定机构逐级提交申请报告、《旅游景区质量等级评定报告书》和创建资料,省级旅游景区评定机构组织初评。初评合格的景区,由省级旅游景区评定机构向全国旅游景区质量等级评定委员会提交推荐意见,全国旅游景区质量等级评定委员会通过明察、暗访等方式进行检查,对达标景区对外公告,颁发证书和标牌。

申报5A级的旅游景区,由所在地旅游景区评定机构逐级提交申请报告、《旅游景区质量等级评定报告书》和创建资料(含电子版),省级旅游景区评定机构组织初评。初评合格的景区,由省级旅游景区评定机构向全国旅游景区质量等级评定委员会提交推荐意见。

全国旅游景区质量等级评定委员会对申报5A级旅游景区的评定程序如下。

1. 资料审核

全国旅游景区质量等级评定委员会依据景区评定标准和细则规定,对景区申报资料进行全面审核,审核内容包括景区名称、范围、管理机构、规章制度及发展状况等。通过审核的景区,进入景观评估程序,未通过审核的景区,1年后方可再次申请重审。

2. 景观价值评价

全国旅游景区质量等级评定委员会组建由相关方面专家组成的评议组,听取申报景区的陈述,采取差额投票方式,对景区资源吸引力和市场影响力进行评价,评价内容包括景区观赏游憩价值、历史文化科学价值、知名度、美誉度与市场辐射力等。通过景观评价的景区,进入现场检查环节,未通过景观评价的景区,2年后方可再次申请重审。

3. 现场检查

全国旅游景区质量等级评定委员会组织国家级检查员成立评定小组,采取暗访方式对景区服务质量与环境质量进行现场检查,检查内容包括景区交通等基础服务设施,安全、卫生等公共服务设施,导游导览、购物等游览服务设施,电子商务等网络服务体系,对历史文化、自然环境保护状况,引导游客文明旅游等方面。现场检查达标的景区,进入社会公示程序,未达标的景区,1年后方可再次申请现场检查。

4. 社会公示

全国旅游景区质量等级评定委员会对达到标准的申报景区,在中国旅游网上进行 7 个工作日的社会公示。公示阶段无重大异议或重大投诉的旅游景区通过公示,若出现重大异议或重大投诉的情况,将由全国旅游景区质量等级评定委员会进行核实和调查,作出相应决定。

5. 发布公告

经公示无重大异议或重大投诉的景区,由全国旅游景区质量等级评定委员会发布质量等级认定公告,颁发证书和标牌。

四、本章拓展解读

我国景区旅游者流量控制手段有哪些?
——以普陀山景区为例

每逢节假日,很多景区都是人满为患,实际上一个景区所能容纳的游客人数是有限度的。旅游者的数量如果超过了景区的最大承载量,既会影响景区环境质量,又会减低旅游者游览的兴趣,还会引发各种安全事故。我国《旅游法》第四十五条、《风景名胜区条例》第三十六条①都作了禁止景区超容量载客的相关规定。《旅游景区质量等级的划分与评定》(GB/T 17775—2003)从 5A 到 1A

---

① 《风景名胜区条例》第三十六条规定:"风景名胜区管理机构应当建立健全安全保障制度,加强安全管理,保障游览安全,并督促风景名胜区内的经营单位接受有关部门依据法律、法规进行的监督检查。禁止超过允许容量接纳游客和在没有安全保障的区域开展游览活动。"

旅游景区,均要求"容量能充分满足游客接待量要求;科学管理游客容量"。

一个景区的最大承载量,个客观的数据,可以通过计算而获得。计算公式如下:

$$（某景区）日空间总容量 = \frac{有效游览空间面积}{不影响游览质量情况下每位游客占用面积} \times 日周转率$$

景区经营者往往根据景区空间大小、景点分布、交通工具承载力、服务设施接待能力、管理人员数量、应急救援能力等各方面情况,结合票务系统、景区监控系统等智能系统,针对不同的旅游者流量状况,制定旅游者流量控制方案。比如旅游高峰时期,可以采取门票预约方式;旅游者流向不均时,适当地做好疏导旅游者的工作。

以普陀山风景名胜区为例,可采取的流量控制方案如下:(1)借助"游客实时分析与智能疏导系统",通过短信平台、LED电子屏、微博微信等途径向旅游者发送信息,疏导游客。(2)在码头、寺院、停车场等人员集中场所安装必要的隔离设施,让旅游者有序购票,有序进出景点,做到科学有序疏客。(3)增派疏散旅游者的船舶、车辆,强化调度监管,减少压客现象。同时确保航线安全,强化与蚂蚁峙码头、半升洞码头及其他港区的联络。当旅游者数量可能达到景区最大承载量时,普陀山景区主管部门可采取的处置措施有:(1)启动应急候船厅、应急客运码头、应急停车场,设置应急救护点。同时,客运站要开通绿色通道,确保一旦发生紧急情况能第一时间将人员运送出山。(2)采取交通管制、变旅游者的"疏导"为"限流",以防发生拥挤、滞留和交通等安全事故。(3)动员普陀山管委会各部门工作人员维持景区治安。同时,力促相关部门努力做好各项服务工作。

第八章　旅游安全

一、旅游安全立法概述

我国一直以来都很重视旅游安全管理立法工作,不仅在综合性立法中包含很多旅游安全方面的条款,而且专门制定有旅游安全方面的立法。

（一）综合性立法

《旅游法》专章规定了旅游安全事项,明确了县级以上人民政府统一负责旅游安全工作;国家建立旅游目的地安全风险提示制度;县级以上人民政府应当依法将旅游应急管理纳入政府应急管理体系,制定应急预案,建立旅游突发事件应对机制;还规定了旅游经营者安全生产管理的职责、要求与义务。

（二）专门性的旅游安全立法

为加强旅游安全管理工作,保障旅游者人身、财物安全,1990年2月20日,国家旅游局颁布的《旅游安全管理暂行办法》,明确规定游安全管理工作应当贯彻"安全第一,预防为主"的方针。为贯彻落实《旅游安全管理暂行办法》,国家旅游局于1994年1月22日颁布《旅游安全管理暂行办法实施细则》,规定国家旅游行政管理部门安全管理工作的职责如下:(1)制定国家旅游安全管理规章,并组织实施;(2)会同国家有关部门对旅游安全实行综合治理,协调处理旅游安全事故和其他安全问题;(3)指导、检查和监督各级旅游行政管理部门和旅游企事业单位的旅游安全管理工作;(4)负责全国旅游安全管理的宣传、教育工作,组织旅游安全管理人员的培训工作;(5)协调重大旅游安全事故的处理工作;(6)负责全国旅游安全管理方面的其他有关事项。县级以上(含县级)地方旅游行政管理部门的职责是：(1)贯彻执行国家旅游安全法规；(2)制定本地区旅游安全管理的规章制度，并组织实施；(3)协同工商、公安、卫生等有关部门，对新开业的旅游企事业单位的安全管理机构、规定制度及其消防、卫生防疫等安全设施、设备进行检查，参加开业前的验收工作；(4)协同公安、卫生、园林等有关部门，开展对旅游安全环境的综合治理工作，防止向旅游者敲诈、勒索、围堵等不法行为的发生；(5)组织和实施对旅游安全管理人员的宣传、教育和培训工作；(6)参与旅游安全事故的处理工作；(7)受理本地区涉及旅游安全问题的投诉；(8)负责本地区旅游安全管理的其他事项。为及时了解和妥善处理好重大旅游安全事故，1993年4月15日，国家旅游局颁布了《关于实施〈重大旅游安全事故报告制度试行办法〉和〈重大旅游安全事故处理程序试行办法〉的通知》(旅综发〔1993〕009号)。为了加强旅游安全管理，提高应对旅游突发事件的能力，保障旅游者的人身、财产安全，促进旅游业持续健康发展，2016年9月27日国家旅游局第十一次局长办公会议审议通过《旅游安全管理办法》(国家旅游局令第41号)，自2016年12月1日起施行。该办法明确规定了各级旅游主管部门应当在同级人民政府的领导和上级旅游主管部门及有关部门的指导下，在职责范围内，依法对旅游安全工作进行指导、防范、监管、培训、统计分析和应急处理，并分章对经营安全、风险提示、安全管理及罚款分别作了规定。

(三)特种旅游项目的安全管理立法

为加强对漂流旅游的管理，保障漂流旅游者的安全，促进漂流旅游有序发展，1998年4月7日，国家旅游局颁布了《漂流旅游安全管理暂行办法》(已被国家旅游局公告2010年6号《国家旅游局关于规章及规范性文件清理结果的公告》宣布失效)，明确漂流旅游安全管理工作以保障旅游者人身及财产安全为原则，实行"安全第一，预防为主"的方针。该暂行办法规定了省、自治区、直辖市人民政府旅游行政管理部门和地方旅游行政管理部门对开展漂流旅游活动的管理职责。规定了经营漂流旅游的企业的相应义务；明确开展漂流旅游应在有关部门考察核定的、符合安全标准的水域内进行，经营漂流旅游的企业应配合有关部门，保持漂流水域的畅通及航道标识明显。该暂行办法还对漂流工具的操作人员的资质要求、投入经营使用的漂流工具必须具备的条件以及漂流旅游安全事故处理等作了相关规定。为切实加强探险旅游安全管理工作，2006年6月18日，国家旅游局颁布《国家旅游局关于加强探险旅游安全管理工作的通知》(旅发〔2006〕38号)，该通知规定，各级旅游行政管理部门要切实履行监管责任,加强对探险旅游的重点地区、重点单位和重点环节的监管监察;对经营探险旅游的旅行社和景区,要落实企业和单位的主体责任,切实加强各项安全措施,完善组织接待条件和应急预案,增强安全保障能力;对已经形成规模的探险旅游项目,要依靠当地政府,形成部门联动、齐抓共管的责任体,共同做好安全保障工作。

二、旅游经营安全

(一)对旅游经营者总的要求

1. 健全与履行安全管理制度

旅游经营者应当严格执行安全生产管理和消防安全管理的法律、法规和国家标准、行业标准,具备相应的安全生产条件①,制定旅游者安全保护制度和应急预案,并应定期检查本单位安全措施的落实情况,及时排除安全隐患;对可能发生的旅游突发事件及采取安全防范措施的情况,应当按照规定及时向所在地人民政府或者人民政府有关部门报告。

2. 经常性开展安全培训

旅游经营者应当对从业人员进行安全生产教育和培训,特别是应当对直接为旅游者提供服务的从业人员开展经常性应急救助技能培训,以保证从业人员掌握必要的安全生产知识、规章制度、操作规程、岗位技能和应急处理措施,知悉自身在安全生产方面的权利和义务。旅游经营者的安全生产教育和培训档案,应如实记录安全生产教育和培训的时间、内容、参加人员以及考核结果等情况。未经安全生产教育和培训合格的旅游从业人员,不得上岗作业;特种作业人员必须按照国家有关规定经专门的安全作业培训,取得相应资格。

3. 旅游活动安全保障义务

旅游者接受旅游消费服务,依法享有《消费者权益保护法》中提及的人身安

---

① 《旅游安全管理办法》第六条规定了旅游经营者应当遵守下列要求:(1)服务场所、服务项目和设施设备符合有关安全法律、法规和强制性标准的要求;(2)配备必要的安全和救援人员、设施设备;(3)建立安全管理制度和责任体系;(4)保证安全工作的资金投入。

全保障权益,旅游经营者应尽到安全保障的义务。旅游经营者应当对其提供的产品和服务进行风险监测和安全评估,依法履行安全风险提示义务①,必要时应当采取暂停服务、调整活动内容等措施。经营高风险旅游项目或者向老年人、未成年人、残疾人提供旅游服务的,应当根据需要采取相应的安全保护措施。

4.旅游安全事故及时处理与救助义务

突发事件或者旅游安全事故发生后,旅游经营者应当立即采取合理、必要的救助和处置措施,控制事态发展,防止损害扩大,依法履行报告义务,并对旅游者作出妥善安排。

《旅游安全管理办法》第十五条规定:旅游突发事件发生后,旅游经营者的现场人员应当立即向本单位负责人报告,单位负责人接到报告后,应当于1小时内向发生地县级旅游主管部门、安全生产监督管理部门和负有安全生产监督管理职责的其他相关部门报告;旅行社负责人应当同时向单位所在地县级以上地方旅游主管部门报告。情况紧急或者发生重大、特别重大旅游突发事件时,现场有关人员可直接向发生地、旅行社所在地县级以上旅游主管部门、安全生产监督管理部门和负有安全生产监督管理职责的其他相关部门报告。旅游突发事件发生在境外的,旅游团队的领队应当立即向当地警方、中国驻当地使领馆或者政府派出机构,以及旅行社负责人报告。旅行社负责人应当在接到领队报告后1小时内,向单位所在地县级以上地方旅游主管部门报告。

---

① 《旅游法》第八十条规定:旅游经营者应当就旅游活动中的下列事项,以明示的方式事先向旅游者作出说明或者警示:(1)正确使用相关设施、设备的方法;(2)必要的安全防范和应急措施;(3)未向旅游者开放的经营、服务场所和设施、设备;(4)不适宜参加相关活动的群体;(5)可能危及旅游者人身、财产安全的其他情形。我国建立的旅游目的地安全风险提示制度,根据可能对旅游者造成的危害程度、紧急程度和发展态势,将风险提示级别分为一级(特别严重)、二级(严重)、三级(较重)和四级(一般),分别用红色、橙色、黄色和蓝色标示。

(二)旅游行业的安全管理事项

1. 旅游饭店安全管理事项(详见表8-1)

表 8-1　旅游饭店安全管理事项

安全管理事项	内　容
安全管理制度检查	(1)饭店各类安全组织工作条例和例会制度 (2)安全教育培训安全检查制度 (3)食品安全管理制度 (4)客人入住登记和会客制度 (5)钥匙管理制度 (6)安全奖惩制度 (7)施工现场安全管理制度 (8)值班、值勤制度 (9)人事招用重点部位人员安全保卫部审查制度 (10)事故报告制度 (11)消防安全管理制度 (12)消防设施、消防器材维护保养制度 (13)长包房、出租、承包、合资、合作经营场所安全管理制度
客房区域检查	(1)应检查是否配备以下消防安全设备,各消防安全设备能否正常使用:火灾报警系统,火灾自动喷水系统,消防水带,室内消防栓,消防广播,灭火器,楼层闭路电视探头,防毒防烟面具,正压送风系统,机械排烟系统,疏散指示图,疏散指示标识,应急照明灯等;检查楼梯间防火门是否保持完好、是否处于关闭状态 (2)应检查客房区域是否按相关规定设置消防通道,消防通道是否保持畅通;客房内是否配备应急手电筒 (3)应对万能钥匙的保管进行检查,检查中,应查看万能钥匙是否由饭店主要负责人责成专人保管使用,是否登记备案 (4)应对客房窗户打开的角度限制进行检查,推拉式窗户的最大拉动距离不超过 20 厘米,外推式窗户的最大外推角度不超过 30 度 (5)应检查客房卫生间是否采取有效防滑措施,浴缸是否配备防滑垫,是否有提醒客人小心滑倒的标识 (6)应对客房门镜和防盗链的安装情况进行检查,检查中,应查看门镜是否保持清洁、完好,防盗锁的安装是否牢固、有效 (7)应检查客房内是否设置"请勿卧床吸烟"提示,是否放置"宾客安全须知"
厨房区域	(1)应对厨房区域的消防安全设备进行检查,检查中,应查看是否配齐消防安全设备,各消防安全设备能否正常使用 (2)应对厨房的炉头抽油烟管道的定期清扫情况进行检查,检查中,应查看是否有专业公司或专人定期进行清扫,定期清扫记录是否完善

续　表

安全管理事项	内　容
其他公共区域	(1)应对其他公共区域的消防安全设备进行检查,检查中,应查看是否配齐消防安全设备,各消防安全设备能否正常使用 (2)应检查楼梯间防火门是否保持完好、是否处于关闭状态 (3)应检查其他公共区域是否按相关规定设置消防通道,消防通道是否保持畅通 (4)应检查公共区域的落地玻璃门、窗是否有显著标识或作特殊处理,标识设置效果以不使客人误认为通道为宜 (5)应检查游泳场所是否依法取得卫生许可证,是否有《宾客安全须知》、中英文警示标识和明显的水深、水温及水质标志牌,是否有有效的防滑措施,是否确保地面无破碎玻璃或尖锐物品 (6)应对游泳池内水质的定期检测情况进行检查,检查中,应查看是否建立定期检测记录,定期检测结果是否符合卫生要求 (7)应检查游泳场所是否配备救生员及必要的救生器材,是否设有高位救生监护哨,救生员是否持有救生员合格证书 (8)应检查贵重物品寄存处是否设有探头进行监控 (9)应检查旅游饭店是否设有必要的医疗急救设施 (10)应对旅游饭店摄像机的安装情况进行检查,检查中,应查看在前厅、电梯间、电梯轿厢、客房区、客房通道、公共娱乐场所、商场、地下车库及其他应安装摄像机的部位,是否按相关规定安装摄像机并保证运转良好、图像清晰 (11)应检查旅游饭店是否设置独立的闭路电视监视室,是否配备录放设备、监视器和专人值班 (12)应对前台、外币兑换处手动报警装置的安装进行检查,确保安装规范、灵敏、有效 (13)应检查旅游饭店建筑物安装的雷电灾害防护装置是否依法取得防雷装置设计核准书及防雷装置验收合格证 (14)应检查在用的防雷装置是否进行定期检测,是否取得合法有效的防雷装置合格证 (15)应检查旅游饭店是否制定防雷装置自检制度,是否对防雷装置的日常维护工作进行记录 (16)应检查旅游饭店对于雷击事故是否及时向市气象主管机构报告,是否协助气象主管机构对雷电灾害进行调查与鉴定
卫生安全	(1)应检查旅游饭店是否依法取得卫生管理部门核发的相应卫生许可证,卫生许可证是否在有效期限内 (2)应对旅游饭店主要外购食品供应商三证(即营业执照、卫生许可证及生产许可证)的查验情况进行检查,并查看是否建立食品原料采购台账制度 (3)应检查从事餐饮服务的员工是否持有效的健康证及卫生知识培训证上岗

安全管理事项	内 容
特种设备的安全	(1)应检查电梯、锅炉等特种设备是否依法向相关行政部门登记 (2)应对特种设备技术档案的建立情况进行检查,查看定期实行检验、定期自检、日常使用状况、日常维护保养、运行故障和事故及处理等是否记录在案 (3)应查看安全检验合格标识是否在有效期内,是否按规定张贴安全检验合格标识 (4)应对电梯的日常维护保养情况进行检查:在免保期内可由取得许可的安装、改造、维修单位或者电梯制造单位进行,免保期后应由取得电梯维修许可的单位进行;查看是否建立电梯日常维护保养记录 (5)应检查电梯运转是否正常、平稳,电梯轿厢内通风是否良好,各操作按钮动作是否灵活,信号显示是否清晰,控制功能是否正确有效 (6)应检查电梯的报警装置及应急照明是否能正常使用 (7)应检查旅游饭店是否制定客货梯层门钥匙管理制度及故障状态救援操作流程 (8)应检查锅炉使用登记证和定期检验标识是否悬挂在锅炉房内明显处,定期检验标识是否在有效期内 (9)应检查锅炉房内是否在明显位置悬挂诸如岗位责任制、交接班制度、巡回检查制度、定期检修制度、安全操作规程、维护保养、清洁卫生等安全管理制度
特种设备作业人员	(1)应检查特种设备人员是否持有合法有效的特种设备作业人员证,是否经用人单位的法定代表人(负责人)或者其授权人雇(聘)用,是否在许可的项目范围内作业 (2)应检查特种设备作业人员的证书是否按照相关规定进行定期复审,使用单位对本单位持有作业证书的人员是否建立档案,是否按相关规定定期及时组织作业人员参加证件复审

2. 旅行社安全管理事项(详见表 8-2)

表 8-2 旅行社安全管理事项

安全管理事项	内 容
安全管理制度检查	安全工作管理制度;安全教育培训管理制度;服务质量稽查制度;安全奖惩制度;安全应急工作预案;处置突发事件应急预案制度;食品安全管理制度;安全事故报告制度;道路交通事故报告制度;旅游包车管理制度;驾驶人资质审验制度;车辆安全检查制度;道路交通违章登记制度;车辆管理制度
安全履约	(1)应检查旅行社是否建立游客资料登记制度,组接团是否按相关规定签订旅游合同 (2)应检查旅行社是否严格遵守旅游汽车租赁制度,是否与车辆单位签订《旅行社旅游团队接待用车合同》,是否存在违规租赁没有旅游包车牌照和超期服役的车辆接待旅游团队的情况;对于租车的各环节是否有详细的记录

续　表

安全管理事项	内　容
旅游保险	应检查旅行社是否按相关规定足额投保旅行社责任险,是否依法认真履行旅行社责任保险各项条款
培训及安全宣传	(1)应检查导游人员是否定期接受安全常识培训;在旅游的过程中,导游人员是否向旅游者进行安全提示 (2)应检查导游人员是否定期进行急救知识及紧急救援方面的培训
消防安全	(1)应检查旅行社是否建立消防设备维修保养制度,是否定期对旅行社办公区域、接待大厅及车队的消防设备进行维修保养,相关记录是否完善 (2)应检查旅行社办公区域和接待大厅是否按相关规定设置消防通道、出口,消防通道、出口是否保持畅通 (3)应检查旅行社办公区域、接待大厅、旅行社车队是否配齐消防设备
旅游用车	(1)应检查旅行社是否建立相关的车辆管理制度,是否建立驾驶员岗位技能与安全知识培训制度 (2)应检查旅游车辆是否按规定实施旅客承运人责任保险 (3)应检查旅游车辆是否依法取得包括道路运输证、运管费缴讫证、旅游包车牌照等在内的各类证照,各证照是否在有效期限内,车辆与证照是否相符合 (4)应检查车辆驾驶人是否持有合法有效的从业资格证 (5)应检查车辆在车厢内部醒目位置是否公布市交通局及市旅游局投诉电话 (6)应检查是否在醒目位置放置清晰无垢的旅游车辆线路标识牌及服务公约 (7)应检查旅游车辆的安全门能否正常打开,安全门的醒目位置是否粘贴标识 (8)应检查旅游车辆是否配备相应的灭火装置 (9)应检查旅游车辆是否配备必要的监控设备,是否安装 GPS 实时定位系统 (10)应检查日行程超过 400 千米(高速公路为 600 千米)的旅游车辆是否按相关规定配备两名驾驶员 (11)应检查是否委托相关旅行社或自行对驾驶人员在沿途过夜停车点的休息情况进行监督 (12)应检查是否建立车辆的维修保养制度;旅游车辆是否依据国家有关规定和相应的标准进行定期维护 (13)应检查旅游车辆是否依法在规定的时间内,定期进行安全检测 (14)应检查旅游车辆是否严格执行"回场必检、合格放行"的安检制度;是否安排专门的安检员负责对旅游车辆技术性能进行检查,是否存在病车上路的情况,安检记录是否如实记载 (15)应检查旅游车辆是否每天进行清洁消毒,是否有相关记录

3. 旅游景区(点)安全管理事项(详见表 8-3)

表 8-3　旅游景区(点)安全管理事项

安全管理事项	内　　容
安全管理制度检查	各类安全组织工作条例和例会制度;食品安全管理制度;安全教育培训制度;治安保卫制度;值班、值勤制度;安全奖惩制度;出租、承包、合资、合作经营场所安全管理制度;施工现场安全管理制度;消防安全管理制度;重点要害部位人员安全管理制度;事故报告制度;动火、明火审批报告制度;安全生产检查制度;设施维护保养制度;景区安全行车制度
消防安全	(1)应检查旅游景区(点)是否依法通过消防设计审核、消防验收及消防安全检查 (2)应检查旅游景区(点)是否建立健全的消防安全组织机构,是否按相应规定配备义务消防员;消防人员是否经过相关培训,取得培训合格证 (3)应检查旅游景区(点)内各有关场所是否按规定设置消防水源、消防设施,是否按规定配备消防器材 (4)应检查旅游景区(点)内的消防器材是否登记造册,是否有专人管理,是否建立定期检查、维修保养制度,是否保持器材完好 (5)应检查旅游景区(点)内的消防通道及安全出口是否保持畅通,是否设置消防安全疏散指示标识和应急照明设施,并保障处于良好状态 (6)应检查旅游景区(点)内是否配备覆盖整个景区的消防广播,并保障处于良好状态。 (7)对于具有山林的旅游景区(点),应检查是否制订相应的山林防火管理办法 (8)应检查各上、下山道等重点部位,是否设置明显的禁烟、禁火标识 (9)应检查是否根据山林大、小等特点,配备灭火物资、通信设备及专门的护林队伍,进行巡山护林管理
卫生安全	(1)应检查旅游景区(点)是否依法取得卫生管理部门核发的相应卫生许可证,卫生许可证是否在有效期限内 (2)应对餐饮经营单位主要外购食品供应商三证(即营业执照、卫生许可证及生产许可证)的查验情况进行检查,并查看是否建立食品原料采购台账制度 (3)应检查从事餐饮服务的员工是否持有效的健康证及卫生知识培训证上岗
特种设备的安全	(1)应检查电梯、锅炉、大型游乐设施及场(厂)内机动车辆等特种设备是否依法向相关行政部门登记 (2)应对特种设备技术档案的建立情况进行检查,如定期实行检验、定期自检、日常使用状况、日常维护保养、运行故障和事故及处理等,是否记录在案 (3)电梯,参见表 8-1 旅游饭店安全管理事项 (4)锅炉,参见表 8-1 旅游饭店安全管理事项 (5)应检查使用单位是否设置特种设备安全管理机构或者配备专职的安全管理人员,是否建立游乐设施维修保养制度

续　表

安全管理事项	内　容
特种设备 的安全	(6)应对游乐设施的定期检验情况进行检查,检查中,应查看安全检验合格标识是否在有效期内,是否固定在醒目位置 (7)应检查游乐设施的游乐规则、安全注意事项(乘客须知)和警示标识是否置于易于被乘客注意的显著位置 (8)应检查游乐设施每日投入使用前,是否进行试运行和例行安全检查、是否对安全保护装置进行检查确认,操作现场的试运行情况是否有相关记录 (9)应检查游乐设施的运营使用单位,是否结合本单位的实际情况,配备相应数量的营救装备和急救物品 (10)应检查游乐设施的所有者与运营单位是否制定救援预案,是否定期进行救援演习 (11)应检查游乐池是否取得卫生许可证;水上游乐设施是否配备足够的救生人员和救生设备,是否设有高位救生监护哨 (12)应检查游乐池池壁周围和池内水深变化地点是否有醒目的水深标识 (13)应检查游乐池内的水质是否定期进行检测,检测结果是否符合要求;是否建立定期检测记录
特种设备 作业人员	(1)应检查特种设备人员是否持有合法有效的特种设备作业人员证,是否经用人单位的法定代表人(负责人)或者其授权人雇(聘)用,是否在许可的项目范围内作业 (2)应检查特种设备作业人员的证书是否按照相关规定进行定期复审,使用单位对本单位持有作业证书的人员是否建立档案,是否按相关规定定期及时组织作业人员参加证件复审
游览场所	(1)应检查旅游景区(点)内各区域功能指示是否明确,标识是否明显;公共信息图形符号设置是否符合相关规定 (2)应检查大门口是否有景区游客容纳数量标识,接待游客不超过规定容量 (3)应检查旅游景区(点)内的道路、疏散通道及出口是否保持畅通 (4)应检查公众文娱活动场所是否建立紧急疏散游客的安全通道,是否设置紧急安全标识 (5)应检查旅游景区(点)内是否设置覆盖整个景区的有线广播和无线通信网,是否设有公共电话
大型活动、 黄金周 (节假日) 安全	(1)应检查大型活动的举(承)办是否按国家相关规定执行,是否制定相应的安全工作方案和应急预案,在大型活动前,是否报上级主管部门同意,同时,是否按国家相关规定,报相关行政部门审查批准 (2)应检查在大型活动、黄金周(节假日)等重点时期,景点、桥梁、狭窄路段等处,人员过多或有紧急情况和突发事件时,是否及时启动应急预案,采取临时关闭景区、展览馆,疏散游人等措施;是否及时向有关部门报告
雷电灾害 防护装置	参见表 8-1 旅游饭店安全管理事项

三、旅游突发事件的类别与处理

旅游突发事件,是指突然发生,造成或者可能造成旅游者人身伤亡、财产损失,需要采取应急处置措施予以应对的自然灾害、事故灾难、公共卫生事件和社会安全事件。

(一)旅游突发事件的类别

根据旅游突发事件的性质、危害程度、可控性以及造成或者可能造成的影响,旅游突发事件一般分为特别重大、重大、较大和一般四级。

特别重大旅游突发事件,是指下列情形:(1)造成或者可能造成人员死亡(含失踪)30 人以上或者重伤 100 人以上;(2)旅游者 500 人以上滞留超过 24 小时,并对当地生产生活秩序造成严重影响;(3)其他在境内外产生特别重大影响,并对旅游者人身、财产安全造成特别重大威胁的事件。

重大旅游突发事件,是指下列情形:(1)造成或者可能造成人员死亡(含失踪)10 人以上、30 人以下或者重伤 50 人以上、100 人以下;(2)旅游者 200 人以上滞留超过 24 小时,并对当地生产生活秩序造成较严重影响;(3)其他在境内外产生重大影响,并对旅游者人身、财产安全造成重大威胁的事件。

较大旅游突发事件,是指下列情形:(1)造成或者可能造成人员死亡(含失踪)3 人以上、10 人以下或者重伤 10 人以上、50 人以下;(2)旅游者 50 人以上、200 人以下滞留超过 24 小时,并对当地生产生活秩序造成较大影响;(3)其他在境内外产生较大影响,并对旅游者人身、财产安全造成较大威胁的事件。

一般旅游突发事件,是指下列情形:(1)造成或者可能造成人员死亡(含失踪)3 人以下或者重伤 10 人以下;(2)旅游者 50 人以下滞留超过 24 小时,并对当地生产生活秩序造成一定影响;(3)其他在境内外产生一定影响,并对旅游者人身、财产安全造成一定威胁的事件。

(二)旅游突发事件的处理

旅游突发事件发生后,应按下列程序处理。

1. 启动旅游突发事件应急预案,并采取相应的措施

旅游突发事件发生后,发生地县级以上旅游主管部门应当根据同级人民政

府的要求和有关规定,启动旅游突发事件应急预案,并采取下列一项或者多项措施:(1)组织或者协同、配合相关部门开展对旅游者的救助及善后处置,防止次生、衍生事件;(2)协调医疗、救援和保险等机构对旅游者进行救助及善后处置;(3)按照同级人民政府的要求,统一、准确、及时发布有关事态发展和应急处置工作的信息,并公布咨询电话。

对特别重大旅游事故①,应当严格按照 2007 年 6 月 1 日实施的《生产安全事故报告和调查处理条例》(国务院令第 493 号)进行处理。

2. 积极参与调查并依法上报

旅游突发事件发生后,发生地县级以上旅游主管部门应当根据同级人民政府的要求和有关规定,参与旅游突发事件的调查,配合相关部门依法对应当承担事件责任的旅游经营者及其责任人进行处理。

旅游主管部门在接到旅游经营者的报告后,应当向同级人民政府和上级旅游主管部门报告。一般旅游突发事件上报至设区的市级旅游主管部门;较大旅游突发事件逐级上报至省级旅游主管部门;重大和特别重大旅游突发事件逐级上报至国家旅游主管部门。向上级旅游主管部门报告旅游突发事件,应当包括下列内容:(1)事件发生的时间、地点、信息来源;(2)简要经过、伤亡人数、影响范围;(3)事件涉及的旅游经营者、其他有关单位的名称;(4)事件发生原因及发展趋势的初步判断;(5)采取的应急措施及处置情况;(6)需要支持协助的事项;(7)报告人姓名、单位及联系电话。前款所列内容暂时无法确定的,应当先报告已知情况;报告后出现新情况的,应当及时补报、续报。

3. 信息通报与总结经验

旅游突发事件处置结束后,发生地旅游主管部门应当及时查明突发事件的发生经过和原因,总结突发事件应急处置工作的经验教训,制定改进措施,并在 30 日内按照下列程序提交总结报告:(1)一般旅游突发事件向设区的市级旅游主管部门提交;(2)较大旅游突发事件逐级向省级旅游主管部门提交;(3)重大和特别重大旅游突发事件逐级向国家旅游主管部门提交。旅游团队在境外遇到突发事件的,由组团社所在地旅游主管部门提交总结报告。

---

①　这里"特别重大旅游事故"是指旅游过程中造成的人员伤亡或者直接经济损失达到《生产安全事故报告和调查处理条例》相关的事故等级,适用该条例进行处理的事故。《生产安全事故报告和调查处理条例》将生产安全事故等级分为特别重大事故、重大事故、较大事故、一般事故。其中一般事故是指造成 3 人以下死亡,或者 10 人以下重伤,或者 1000 万元以下直接经济损失的事故。

各级旅游主管部门应当建立旅游突发事件信息通报制度。旅游突发事件发生后，旅游主管部门应当及时将有关信息通报相关行业主管部门。

四、旅游安全事故的防范

（一）旅游交通安全

旅游交通安全问题是指旅游者因乘坐飞机、火车、汽车、游船等交通工具而出现的安全问题。旅游交通安全事故已经成为旅游安全的最大隐患，在重特大旅游安全事故中旅游交通事故多年来一直占据首位。旅游运营车辆管理不规范、疲劳驾驶、危险路段、恶劣天气、不慎驾驶是造成旅游交通事故的主要原因。

做好旅游交通事故防范工作，须加强对旅行社用车的安全监管，杜绝其租用手续不全、安全要求不达标的车辆。督促旅行社选择有资质、车况好、管理严、信誉佳、服务优的旅游汽车公司接待旅游团队。

相关部门应加强旅游线路沿线的安全保障体系建设，加强对自驾游的交通、安全及服务导示系统建设，加强车辆遇险的抢险救援工作，强化重点路段的安全保障措施。旅游交通安全相关执法机构应加强对旅游交通安全的检查，依法从严查处旅行社、旅游运输企业的违章违规行为。严禁车辆和船舶超速、超载和超时等危及游客安全的运输行为，严查非法从事旅游客运的行为。严查旅游车辆公司违规运营等危及游客安全的行为，并在车况维护、安全驾驶、应急处置、保险救援等方面加强联合监管和引导

要加强旅游交通安全的宣传和信息发布，引导游客规避恶劣天气等不良影响，营造平安、和谐、畅通的旅游道路交通环境。加强对旅游客运司乘人员和导游、领队人员的安全教育培训，提高安全意识，落实安全责任，增强对突发事件的处置能力。

（二）旅游节庆活动的安全

旅游节庆活动开展期间，往往道路交通拥挤、举办场地承载能力大幅增加，客流大量集中，比较容易发生旅游安全事故。为加强旅游节庆的安全防范，防止恐怖破坏、拥挤踩踏、设备故障、烟花爆竹等导致的旅游安全事故的发生，应

做好如下工作：(1)完善应急预案，加强与公安、安监等有关部门的应急联动，有效防范游客聚集场所发生安全事故。(2)要加强对重点旅游活动区位(比如：承载力不足的旅游景区、短时内客流集中的区域、重大聚集性活动场所、拥挤旅游交通路段、人数众多的旅游餐饮卫生场地)的安全保障管理，一旦突破最高接待量，应迅速做好游客疏导工作。(3)加强预警防范，主动与卫生、气象、食品监管等部门联合发布信息，及时对可能影响旅游活动的风险隐患进行预警。(4)强化应急值守，加强假日值班，确保信息畅通，一旦发生突发事件，应按照相关规定及时上报，不得迟报、瞒报、漏报。

(三)旅游特种设施设备的安全

加强诸如旅游车船、缆车、索道、大型游乐设施、电梯等旅游接待、游览设施设备的安全管理，防止出现因设施设备故障导致人身伤亡事故，须严格安全检查制度，注意隐患排查，制定应急预案。

一是旅游设施设备本身应合格达标，对于达不到安全要求的设施、设备应一律停止运营使用。投入使用时则应严格遵守旅游特种设备的安全使用规范，有国家强制性标准的，应严格遵守国家强制性标准。比如，旅游观光车的使用应遵守《非公路旅游观光车安全使用规范》(GB 24727—2009)。该规范明确规定了非公路旅游观光车的安全使用规则，对观光车安全维护、保养和修理也提出了具体要求。

二是旅游场所特种设备使用单位应加强安全管理人员和操作人员的安全教育，提高安全意识，落实安全责任，强化安全监控，做好安全监察、检验人员的组织落实，安排好人力部署。

三是加强旅游场所特种设备安全预警反应和应急准备，针对安全隐患和风险做好预警提示。

四是加强与旅游、公安等部门的沟通协作，完善应急预案，强化应急值守，并开展预案演练、现场疏导等工作，增强应急处置能力，及时有效应对各类突发事件。

(四)涉旅突发公共事件的防范

加强对诸如传染性非典型肺炎、地震灾害、恶劣天气导致的涉旅突发公共事件的预防和管理，有助于减少公共卫生事件给旅游业可能造成的负面影响，对促进我国旅游业持续地健康发展具有重要的意义。加强旅游突发事件的管理,要求旅游行政管理部门应与交通、气象、海洋、国土资源等部门加强合作,高度关注旅游目的地安全风险提示信息,做好旅游突发事件的监测预警和应急防范,严防引发旅游安全事故。一旦发生涉旅突发事件及安全事故,要严格按照有关规定及时报送相关信息,并配合相关部门密切跟踪事态发展,做好游客的安抚善后工作。

2003 年 4 月 1 日,国家旅游局、卫生部下发了《关于发布施行〈旅游经营单位预防控制传染性非典型肺炎应急预案〉的通知》,规定了旅行社、星级饭店、旅游景区(点)、旅游定点餐馆、旅游车船公司预防控制传染性非典型肺炎应急预案。其后,2003 年 6 月 20 日,国家旅游局在《旅游经营单位预防控制传染性非典型肺炎应急预案》的基础上,制定了《旅游服务健康安全工作基本要求》,规定公共卫生事件预防控制工作,由旅游企业法人代表或总经理亲自抓、负总责。旅游企业内部办公场所、所有接待游客场所及各种从事旅游服务的运输工具,要按照中国疾病预防控制中心公布的《社区综合性预防措施》《各种污染对象的常用消毒方法》及本地人民政府的有关要求,搞好清洁卫生并加强卫生管理。旅游企业所有接触旅游者的工作人员应该熟知卫生防疫部门公布的传染性疾病、食物和职业中毒等疾病的症状、特征和预防措施,熟知所在地治疗传染性疾病或疑似病人留验站及医院的名称、地址和联系电话;能够对传染性疾病、食物和职业中毒等疾病的表现症状作出大致判断和及时反映,能够及时履行报告制度,并搞好现场控制。旅游企业应将防控工作作为应对公共卫生事件的工作重点,要根据自身特点,分别做好相应的工作。

五、本章拓展解读

涉及旅游经营者安全保障义务的常见条款有哪些?

旅游经营者①,是指旅行社、景区以及为旅游者提供交通、住宿、餐饮、购物、娱乐等服务的经营者。通常认为,旅游经营者违反安全保障义务分为四种类型:(1)设施服务未尽安全保障义务;(2)服务管理未尽安全保障义务;(3)防

---

① 概念来源于《旅游法》附则。

范制止侵权行为未尽安全保障义务;(4)对儿童未尽安全保障义务。目前涉及旅游经营者安全保障义务的相关法律条文、司法解释,详见表 8-4。

表 8-4　旅游经营者安全保障义务的相关法律条文

序　号	名　　称	具体条款
1	《最高人民法院关于审理人身损害赔偿案件适用法律若干问题的解释》(法释〔2003〕20 号)	第六条　从事住宿、餐饮、娱乐等经营活动或者其他社会活动的自然人、法人、其他组织,未尽合理限度范围内的安全保障义务致使他人遭受人身损害,赔偿权利人请求其承担相应赔偿责任的,人民法院应予支持。 　　因第三人侵权导致损害结果发生的,由实施侵权行为的第三人承担赔偿责任。安全保障义务人有过错的,应当在其能够防止或者制止损害的范围内承担相应的补充赔偿责任。安全保障义务人承担责任后,可以向第三人追偿。赔偿权利人起诉安全保障义务人的,应当将第三人作为共同被告,但第三人不能确定的除外
2	《中华人民共和国侵权责任法》(2010 年 7 月 1 实施)	第三十七条　宾馆、商场、银行、车站、娱乐场所等公共场所的管理人或者群众性活动的组织者,未尽到安全保障义务,造成他人损害的,应当承担侵权责任。 　　因第三人的行为造成他人损害的,由第三人承担侵权责任;管理人或者组织者未尽到安全保障义务的,承担相应的补充责任
3	《中华人民共和国消费者权益保护法》	第七条　消费者在购买、使用商品和接受服务时享有人身、财产安全不受损害的权利。 　　消费者有权要求经营者提供的商品和服务,符合保障人身、财产安全的要求。 第十八条　经营者应当保证其提供的商品或者服务符合保障人身、财产安全的要求。对可能危及人身、财产安全的商品和服务,应当向消费者作出真实的说明和明确的警示,并说明和标明正确使用商品或者接受服务的方法以及防止危害发生的方法。 　　经营者发现其提供的商品或者服务存在严重缺陷,即使正确使用商品或者接受服务仍然可能对人身、财产安全造成危害的,应当立即向有关行政部门报告和告知消费者,并采取防止危害发生的措施
4	《中华人民共和国旅游法》	第八十条　旅游经营者应当就旅游活动中的下列事项,以明示的方式事先向旅游者作出说明或者警示: (1)正确使用相关设施、设备的方法; (2)必要的安全防范和应急措施; (3)未向旅游者开放的经营、服务场所和设施、设备; (4)不适宜参加相关活动的群体; (5)可能危及旅游者人身、财产安全的其他情形

续　表

序　号	名　称	具体条款
5	《最高人民法院关于审理旅游纠纷案件适用法律若干问题的规定》	第七条　旅游经营者、旅游辅助服务者未尽到安全保障义务，造成旅游者人身损害、财产损失，旅游者请求旅游经营者、旅游辅助服务者承担责任的，人民法院应予支持。 　　因第三人的行为造成旅游者人身损害、财产损失，由第三人承担责任；旅游经营者、旅游辅助服务者未尽安全保障义务，旅游者请求其承担相应补充责任的，人民法院应予支持。 第八条　旅游经营者、旅游辅助服务者对可能危及旅游者人身、财产安全的旅游项目未履行告知、警示义务，造成旅游者人身损害、财产损失，旅游者请求旅游经营者、旅游辅助服务者承担责任的，人民法院应予支持。 　　旅游者未按旅游经营者、旅游辅助服务者的要求提供与旅游活动相关的个人健康信息并履行如实告知义务，或者不听从旅游经营者、旅游辅助服务者的告知、警示，参加不适合自身条件的旅游活动，导致旅游过程中出现人身损害、财产损失，旅游者请求旅游经营者、旅游辅助服务者承担责任的，人民法院不予支持

旅游法律法规精读本

第九章　旅游纠纷与旅游投诉

一、解决旅游纠纷的法律依据以及途径

　　旅游纠纷,是指旅游者与旅游经营者、旅游辅助服务者①之间因旅游发生的合同纠纷或者侵权纠纷。按照争议主体分类,可分为旅游者与旅游经营者之间的纠纷,旅游者与旅游辅助服务者之间的纠纷;按纠纷发生的旅游环节不同来分,可分为旅游交通环节的纠纷、旅游住宿纠纷、景区游览纠纷等。

　　旅游纠纷属于民事纠纷,旅游者则属于接受旅游服务的消费者范畴,因此诸如《民法通则》《合同法》《消费者权益保护法》《侵权责任法》等民商事法律对旅游纠纷均适用,但随着旅游业的迅猛发展,旅游纠纷越来越呈现多元化和复杂化的趋向,一般性的民商法律对旅游纠纷缺乏具有可操作性的专门规定,使得旅游纠纷的处理难度越来越大。为此,2010 年 10 月 26 日,最高人民法院颁布了《最高人民法院关于审理旅游纠纷案件适用法律若干问题的规定》(法释〔2010〕13 号),该司法解释针对近年来旅游纠纷出现的新情况、新问题,秉承公平合理的原则,为妥善处理旅游纠纷,平衡旅游者与旅游经营者、旅游辅助服务者之间的合法权益,提供了切实可行的参照依据,在界定旅游纠纷案件的受案范围、旅游者的诉讼权利及权益、旅游经营者的责任等方面作出了全面规范。2013 年 4 月 25 日颁布通过的《旅游法》则在"第五章　旅游服务合同"中专门就包价旅游合同的订立、履行、变更、解除事宜作了专门的规定。

---

　　① "旅游辅助服务者"是指与旅游经营者存在合同关系,协助旅游经营者履行旅游合同义务,实际提供交通、游览、住宿、餐饮、娱乐等旅游服务的人。类似于履行辅助人的提法,《旅游法》第十章"附则"部分载明"履行辅助人,是指与旅行社存在合同关系,协助其履行包价旅游合同义务,实际提供相关服务的法人或者自然人"。

旅游纠纷一旦发生,有关当事人就不得不寻找适当的途径和方式,以求合理解决旅游纠纷,维护当事人的合法权益。根据我国有关法律、法规的规定,当事人可以通过协商、调解、旅游投诉、仲裁、诉讼方式来解决旅游纠纷。协商是指旅游纠纷发生后,旅游纠纷双方当事人在互谅互让的基础上,自愿、平等地进行磋商和谈判,自行达成和解协议从而解决争议的方式。调解是指旅游纠纷发生后,由第三方居中对争议双方当事人进行说服劝导、沟通调和,最终达成调解协议解决争议的方式。旅游投诉是旅游纠纷发生后,通过向旅游投诉受理部门提出投诉申请,请求旅游行政管理部门进行处理,从而解决旅游纠纷的行为。2010年5月5日颁布的《旅游投诉处理办法》具体规定了旅游投诉的管辖、受理和处理事宜。仲裁是旅游纠纷当事人之间,通过达成的仲裁协议,请求仲裁机构对旅游纠纷进行审理,从而解决旅游纠纷的一种方式。诉讼是旅游纠纷当事人通过向法院起诉,由人民法院按照法定的诉讼程序进行处理旅游纠纷的方式。

旅游法律法规精读本

二、常见旅游纠纷情形

(一)未履行告知、警示义务①

旅行社未履行告知、警示义务的情形、后果及除外情形,详见表9-1。

表 9-1　未履行告知、警示义务

情　　形	后　　果	除外情形
旅游经营者、旅游辅助服务者对可能危及旅游者人身、财产安全的旅游项目未履行告知、警示义务	造成旅游者人身损害、财产损失,旅游者有权请求旅游经营者、旅游辅助服务者承担责任的	旅游者未按要求提供与旅游活动相关的个人健康信息并履行如实告知义务,或者不听从旅游经营者、旅游辅助服务者的告知、警示,参加不适合自身条件的旅游活动,导致旅游过程中出现人身损害、财产损失,旅游经营者、旅游辅助服务者不承担责任的

---

① 《旅游法》第八十条、《导游人员管理条例》第十四条、《旅行社条例》第三十九条、《最高人民法院关于审理旅游纠纷案件适用法律若干问题的规定》第八、十九条均规定了旅游经营者的警示告知义务。

（二）未尽安全保障义务

旅行社未尽安全保障义务的情形及后果，详见表 9-2。

表 9-2　未尽安全保障义务

情　形		后　果
未尽安全保障义务	旅游经营者、旅游辅助服务者未尽到安全保障义务，造成旅游者人身损害、财产损失	旅游者有权请求旅游经营者、旅游辅助服务者承担责任的
	因第三人的行为造成旅游者人身损害、财产损失	由第三人承担责任；旅游经营者、旅游辅助服务者未尽安全保障义务，承担相应补充责任的

（三）未达到约定组团人数不能出团

旅行社招徕旅游者组团旅游，因未达到约定人数不能出团的情形、措施、要求及后果，详见表 9-3。

表 9-3　未达到约定组团人数不能出团

情　形	组团社可采取的措施	相应的要求（条件）	后　果
未达到约定组团人数不能出团	组团社可以解除合同	境内旅游应当至少提前 7 日通知旅游者；出境旅游应当至少提前 30 日通知旅游者	组团社应当向旅游者退还已收取的全部费用
	可以委托其他旅行社履行合同（旅游者不同意的，可以解除合同）	组团社经征得旅游者书面同意	组团社对旅游者承担责任，受委托的旅行社对组团社承担责任。若组团社擅自将旅游业务转让给其他旅游经营者，旅游者遭受损害后，可以请求与其签订旅游合同的旅游经营者和实际提供旅游服务的旅游经营者承担连带责任

（四）旅游者换人（权利义务一并让与）

旅游者换人的情形、要求及后果，详见表 9-4。

表 9-4　旅游者换人

情　形	相应的要求(条件)	后　果
旅游者将包价旅游合同中的自身权利义务转让给第三人	旅游行程开始前;旅行社没有正当理由的不得拒绝	增加的费用由旅游者和第三人承担

(五)旅游者单方解除、变更合同

旅游者单方解除、变更合同的情形、要求及后果,详见表 9-5。

表 9-5　旅游者单方解除、变更合同

情　形	相应的要求(条件)	后　果
旅游者单方解除合同	旅游者行程结束前	组团社应当在扣除必要的费用后,将余款退还旅游者;旅行社应当协助旅游者返回出发地或者旅游者指定的合理地点(旅行社或者履行辅助人的原因导致合同解除的,返程费用由旅行社承担)
旅游者单方变更合同	旅行社根据旅游者的具体要求安排旅游行程,与旅游者订立包价旅游合同的,旅游者请求变更旅游行程安排	增加的费用由旅游者承担,减少的费用退还旅游者
	旅游者在旅游行程中未经导游或者领队许可,故意脱离团队	旅游者遭受人身损害、财产损失后,请求旅游经营者赔偿损失的,人民法院不予支持

(六)旅行社单方解除、变更合同

旅行社单方解除、变更合同的情形、要求及后果,详见表 9-6。

表 9-6　旅行社单方解除、变更合同

情　形	相应的要求(条件)	后　果
旅行社单方解除合同	旅游者有下列情形之一的,旅行社可以解除合同: (1)患有传染病等疾病,可能危害其他旅游者健康和安全的; (2)携带危害公共安全的物品且不同意交有关部门处理的; (3)从事违法或者违反社会公德的活动的; (4)从事严重影响其他旅游者权益的活动,且不听劝阻、不能制止的; (5)法律规定的其他情形	组团社应当在扣除必要的费用后,将余款退还旅游者;给旅行社造成损失的,旅游者应当依法承担赔偿责任

情　形	相应的要求（条件）	后　果
旅行社单方变更合同	旅游经营者违反合同约定,有擅自改变旅游行程、遗漏旅游景点、减少旅游服务项目、降低旅游服务标准等行为	旅游者有权请求旅游经营者赔偿未完成约定旅游服务项目等合理费用的,并追究其责任
	旅游经营者提供服务时有欺诈行为	旅游者有权请求旅游经营者增加赔偿其受到的损失,增加赔偿的金额为接受服务的费用的3倍
	以不合理的低价组织旅游活动,诱骗旅游者,并通过安排购物或者另行付费旅游项目获取回扣等不正当利益 （旅行社组织、接待旅游者,不得指定具体购物场所,不得安排另行付费旅游项目。但是,经双方协商一致或者旅游者要求,且不影响其他旅游者行程安排的除外）	旅游者有权在旅游行程结束后30日内,要求旅行社为其办理退货并先行垫付退货货款,或者退还另行付费旅游项目的费用 （旅游者要求返还因拒绝旅游经营者安排的购物活动或者另行付费的项目被增收的费用）
	在同一旅游行程中,旅游经营者提供相同服务,因旅游者的年龄、职业等差异而增收费用	旅游者要求要求旅游经营者返还增加的费用

（七）不可抗力或者旅行社、履行辅助人已尽合理注意义务仍不能避免的事件

不可抗力或者旅行社、履行辅助人已尽合理注意义务仍不能避免的事件之情形、状况、处理及后果,详见表9-7。

表 9-7　不可抗力或者旅行社、履行辅助人员已尽合理注意义务仍不能避免的事件

情　形	状　况		处　理	后　果
不可抗力或者旅行社、履行辅助人已尽合理注意义务仍不能避免的事件	法律状况	合同不能继续履行	旅行社和游客均可解除合同	合同解除的,组团社应当在扣除已向地接社或者履行辅助人支付且不可退还的费用后,将余款退还旅游者
		合同不能完全履行	旅行社经向旅游者作出说明,在征得旅游者同意后,可以在合理范围内变更合同（旅游者不同意变更的,可以解除合同）	合同变更的,增加的费用由旅游者承担,减少的费用退还旅游者
	事实状况	危及旅游者人身、财产安全	旅行社应当采取相应的安全措施	支出的费用,由旅行社与旅游者分担
		造成旅游者滞留的	旅行社应当采取相应的安置措施	增加的食宿费用,由旅游者承担,增加的返程费用,由旅行社与旅游者分担

（八）旅行社或旅游者违约

旅行社或旅游者违约的情形、主体、责任、后果及特别规定，详见表9-8。

表 9-8   旅行社或旅游者违约

情　形	违约主体	违约责任及后果	特别规定
不履行包价旅游合同义务或者履行合同义务不符合约定	旅行社造成	旅行社应当依法承担继续履行、采取补救措施或者赔偿损失等违约责任；造成旅游者人身损害、财产损失的，应当依法承担赔偿责任	旅行社具备履行条件，经旅游者要求仍拒绝履行合同，造成旅游者人身损害、滞留等严重后果的，旅游者还可以要求旅行社支付旅游费用1倍以上3倍以下的赔偿金
	旅游者自身原因导致合同违约，或者造成旅游者人身损害、财产损失	旅行社不承担责任	在旅游者自行安排活动期间（包括旅行社安排的在旅游行程中独立的自由活动期间、旅游者不参加旅游行程的活动期间以及旅游者经导游或者领队同意暂时离队的个人活动期间），旅行社未尽到安全提示、救助义务的，应当对旅游者的人身损害、财产损失承担相应责任

（九）第三人（地接社、履行辅助人）导致违约或侵权

第三人导致违约或侵权的情形、类别、责任、后果及特别规定，详见表9-9。

表 9-9   第三人导致违约或侵权

情　形	类　别	违约责任及后果	特别规定
地接社、履行辅助人导致违约或侵权	违约情形（即地接社、履行辅助人的原因导致违约的）	由组团社承担责任；组团社承担责任后可以向地接社、履行辅助人追偿	因飞机、火车、班轮、城际客运班车等公共客运交通工具延误，导致合同不能按照约定履行，旅游者请求组团社退还未实际发生的费用的，人民法院应予支持；合同另有约定的除外
	侵权情形（即地接社、履行辅助人的原因造成旅游者人身损害、财产损失的）	旅游者可以要求地接社、履行辅助人承担赔偿责任，也可以要求组团社承担赔偿责任；组团社对旅游辅助服务者未尽谨慎选择义务，旅游者请求组团社承担相应补充责任；组团社承担责任后可以向地接社、履行辅助人追偿	公共交通经营者的原因造成旅游者人身损害、财产损失的，由公共交通经营者依法承担赔偿责任，旅行社应当协助旅游者向公共交通经营者索赔

续　表

情　形	类　别	违约责任及后果	特别规定
挂靠者侵权	旅行社准许他人挂靠其名下从事旅游业务	造成旅游者人身损害、财产损失，旅游者旅行社与挂靠人承担连带责任的	

（十）旅游者被代管的行李物品损毁、灭失

旅游者被代管的行李物品损毁、灭失的情形、后果及除外情形，详见表9-10。

表 9-10　旅游者被代管的行李物品损毁、灭失

情　形	后　果	除外情形
旅游经营者或者旅游辅助服务者为旅游者代管的行李物品损毁、灭失	旅游者请求赔偿损失的，人民法院应予支持	（1）损失是由旅游者未听从旅游经营者或者旅游辅助服务者的事先声明或者提示，未将现金、有价证券、贵重物品由其随身携带而造成的 （2）损失是由不可抗力、意外事件造成的 （3）损失是由旅游者的过错造成的 （4）损失是由物品的自然属性造成的

（十一）其他相关旅游服务中旅行社的责任

其他相关旅游服务中旅行社的责任、要求及违约后果，详见表9-11。

表 9-11　其他相关旅游服务中旅行社的责任

责　任		要　求	违约后果
代办旅游服务		旅行社接受旅游者的委托，为其代订交通、住宿、餐饮、游览、娱乐等旅游服务，收取代办费用的，应当亲自处理委托事务	旅游经营者因过错致其代办的手续、证件存在瑕疵，或者未尽妥善保管义务而遗失、毁损，旅游者可请求旅游经营者补办或者协助补办相关手续、证件并承担相应费用；若因此影响旅游行程，旅游者可请求旅游经营者退还尚未发生的费用、赔偿损失
旅游咨询、旅游活动设计服务	旅行社事先设计，并以确定的总价提供交通、住宿、游览等一项或者多项服务，不提供导游和领队服务，由旅游者自行安排游览行程	旅行社接受旅游者的委托，为其提供旅游行程设计、旅游信息咨询等服务的，应当保证设计合理、可行，信息及时、准确	旅行社提供的服务不符合合同约定，侵害旅游者合法权益，旅游者可请求旅行社承担相应责任
	旅游者自行安排的旅游活动		若旅游者受到侵害，请求旅行社、旅游辅助服务者承担责任的，人民法院不予支持

三、旅游投诉

2010 年 5 月 5 日颁布的《旅游投诉处理办法》所称的"旅游投诉",是指旅游者认为旅游经营者损害其合法权益,请求旅游行政管理部门、旅游质量监督管理机构或者旅游执法机构(以下统称"旅游投诉处理机构"),对双方发生的民事争议进行处理的行为。

(一)旅游投诉管辖范围

旅游投诉由旅游合同签订地或者被投诉人所在地县级以上地方旅游投诉处理机构管辖。需要立即制止、纠正被投诉人的损害行为的,应当由损害行为发生地旅游投诉处理机构管辖。上级旅游投诉处理机构有权处理下级旅游投诉处理机构管辖的投诉案件。发生管辖争议的,旅游投诉处理机构可以协商确定,或者报请共同的上级旅游投诉处理机构指定管辖。

(二)旅游投诉的受理

投诉人可以就下列事项向旅游投诉处理机构投诉:(1)认为旅游经营者违反合同约定的;(2)因旅游经营者的责任致使投诉人人身、财产受到损害的;(3)因不可抗力、意外事故致使旅游合同不能履行或者不能完全履行,投诉人与被投诉人发生争议的;(4)其他损害旅游者合法权益的。

当出现下列情形时,旅游投诉处理机构不予受理:(1)人民法院、仲裁机构、其他行政管理部门或者社会调解机构已经受理或者处理的。(2)旅游投诉处理机构已经作出处理,且没有新情况、新理由的。(3)不属于旅游投诉处理机构职责范围或者管辖范围的。(4)超过旅游合同结束之日 90 日的。(5)旅游投诉的不符合下列两个条件的:投诉人与投诉事项有直接利害关系;有明确的被投诉人、具体的投诉请求、事实和理由。(6)其他经济纠纷。

旅游投诉一般应当采取书面形式,并载明下列事项:(1)投诉人的姓名、性别、国籍、通信地址、邮政编码、联系电话及投诉日期;(2)被投诉人的名称、所在地;(3)投诉的要求、理由及相关的事实根据。投诉事项比较简单的,投诉人可以口头投诉,由旅游投诉处理机构进行记录或者登记,并告知被投诉人;对于不

旅游法律法规精读本

符合受理条件的投诉,旅游投诉处理机构可以口头告知投诉人不予受理及其理由,并进行记录或者登记。

投诉人 4 人以上,以同一事由投诉同一被投诉人的,为共同投诉。共同投诉可以由投诉人推选 1 至 3 名代表进行投诉。代表人参加旅游投诉处理机构处理投诉过程的行为,对全体投诉人发生效力,但代表人变更、放弃投诉请求或者进行和解,应当经全体投诉人同意。

旅游投诉处理机构接到投诉,应当在 5 个工作日内作出以下处理:(1)投诉符合《旅游投诉处理办法》的,予以受理;(2)投诉不符合《旅游投诉处理办法》的,应当向投诉人送达《旅游投诉不予受理通知书》,告知不予受理的理由;(3)依照有关法律、法规和本办法规定,本机构无管辖权的,应当以《旅游投诉转办通知书》或者《旅游投诉转办函》,将投诉材料转交有管辖权的旅游投诉处理机构或者其他有关行政管理部门,并书面告知投诉人。

(三)处　　理

旅游投诉处理机构处理旅游投诉,除《旅游投诉处理办法》另有规定外,实行调解制度。

旅游投诉处理机构应当在查明事实的基础上,遵循自愿、合法的原则进行调解,促使投诉人与被投诉人相互谅解,达成协议。

旅游投诉处理机构处理旅游投诉,应当立案办理,填写《旅游投诉立案表》,并附有关投诉材料,在受理投诉之日起 5 个工作日内,将《旅游投诉受理通知书》和投诉书副本送达被投诉人。对于事实清楚、应当即时制止或者纠正被投诉人损害行为的,可以不填写《旅游投诉立案表》和向被投诉人送达《旅游投诉受理通知书》,但应当对处理情况进行记录存档。被投诉人应当在接到通知之日起 10 日内作出书面答复,提出答辩的事实、理由和证据。

投诉人和被投诉人应当对自己的投诉或者答辩提供证据。旅游投诉处理机构应当对双方当事人提出的事实、理由及证据进行审查。旅游投诉处理机构认为有必要收集新的证据,可以根据有关法律、法规的规定,自行收集或者召集有关当事人进行调查。需要委托其他旅游投诉处理机构协助调查、取证的,应当出具《旅游投诉调查取证委托书》,受委托的旅游投诉处理机构应当予以协助。对专门性事项需要鉴定或者检测的,可以由当事人双方约定的鉴定或者检测部门鉴定。没有约定的,当事人一方可以自行向法定鉴定或者检测机构申请鉴定或者检测。鉴定、检测费用按双方约定承担。没有约定的,由鉴定、检测申请方先行承担;达成调解协议后,按调解协议承担。鉴定、检测的时间不计入投诉处理时间。

在投诉处理过程中,投诉人与被投诉人自行和解的,应当将和解结果告知旅游投诉处理机构;旅游投诉处理机构在核实后应当予以记录并由双方当事人、投诉处理人员签名或者盖章。

旅游投诉处理机构应当在受理旅游投诉之日起 60 日内,作出以下处理:

(1)双方达成调解协议的,应当制作《旅游投诉调解书》,载明投诉请求、查明的事实、处理过程和调解结果,由当事人双方签字并加盖旅游投诉处理机构印章;

(2)调解不成的,终止调解,旅游投诉处理机构应当向双方当事人出具《旅游投诉终止调解书》。

调解不成的,或者调解书生效后没有执行的,投诉人可以按照国家法律、法规的规定,向仲裁机构申请仲裁或者向人民法院提起诉讼。

在下列情形下,经旅游投诉处理机构调解,投诉人与旅行社不能达成调解协议的,旅游投诉处理机构应当作出划拨旅行社质量保证金赔偿的决定,或向旅游行政管理部门提出划拨旅行社质量保证金的建议:

(1)旅行社解散、破产或者其他原因造成旅游者预交旅游费用损失的;

(2)因旅行社中止履行旅游合同义务、造成旅游者滞留,而实际发生了交通、食宿或返程等必要及合理费用的。

四、旅游监督管理职责

《旅游法》"第七章 旅游监督管理"规定了旅游主管部门的监管职责,但实践中,对旅游市场的监管,往往是多个主管部门联合执法,包括市场监督管理部门、产品质量监督管理部门、交通执法部门、物价管理部门、旅游主管部门。不同的部门存在不同的职责分工,详见表 9-12。

表 9-12　各主管部门的职责分工

主管部门	职责举例
各级旅游部门	对以下情形进行查处: (1)旅行社进行虚假宣传,误导旅游者的(《旅游法》第九十七条) (2)旅行社欺骗、胁迫旅游者购物或者参加需要另行付费的游览项目的(《旅行社条例》第五十九条) (3)导游人员进行导游活动,欺骗、胁迫旅游者消费或者与经营者串通欺骗、胁迫旅游者消费的(《导游人员管理条例》第二十四条)

主管部门	职责举例
各级工商（市场监管）部门	查处旅游市场中存在的无照经营、虚假广告、不正当竞争、旅游业不公平格式合同条款等
各级物价部门	查处经营者不执行政府定价和政府指导价、不按规定的内容和方式明码标价、标价之外加价出售商品以及使用欺骗性或者误导性的语言、文字、图片、计量单位等标价诱导他人与其交易等价格违法违规行为
各级公安机关	严厉打击强迫交易、敲诈勒索、诈骗等侵害游客权益的违法犯罪行为

五、本章拓展解读

正确认识旅游投诉

实践中，旅游者和旅游经营者对旅游投诉的观念认识不一，存在着若干误解，需要正确地认识旅游投诉。

首先，旅游投诉受理机关只受理旅游者的投诉，并不受理旅游经营者的投诉。因为《旅游投诉处理办法》①第二条明确规定旅游投诉，是指旅游者认为旅游经营者损害其合法权益，请求旅游投诉处理机构，对双方发生的民事争议进行处理的行为。

其次，被投诉的主体，并非局限于旅行社，只要是旅游经营者即可。按照《旅游法》的解释，所谓的"旅游经营者"，是指旅行社、景区以及为旅游者提供交通、住宿、餐饮、购物、娱乐等服务的经营者。

再次，旅游投诉受理机关处理旅游投诉，是促调解，并非是去作出处理决定。旅游投诉受理机关，应该查明事实，并对其理由或证据予以审查，但并不要求旅游投诉受理机关在受理投诉后，一定给被投诉者作出一个处理决定书。依照《旅游投诉处理办法》，旅游投诉受理机关最后给出的是《旅游投诉调解书》或《旅游投诉终止调解书》。

最后，旅游投诉受理机关受理的"旅游者的投诉"不同于"旅游经营者违法

---

① 有别于《旅游投诉暂行规定》（已废止），该暂行规定曾规定旅游经营者也可以投诉。

行为的举报"。前者要求投诉人与被投诉人具有直接利害关系,并且投诉人还应提出具体的投诉请求。但后者匿名举报亦可。旅游投诉受理机构在受理与处理旅游投诉过程中,若发现了被投诉人以及从业人员有违法或犯罪行为的,应当依法予以处罚或向有关行政管理部门提出建议或移送。虽然《旅游投诉处理办法》规定了经旅游投诉处理机构调解,投诉人与旅行社不能达成调解协议的,在特定情形时,旅游投诉处理机构应当作出划拨旅行社质量保证金赔偿的决定,或向旅游行政管理部门提出划拨旅行社质量保证金的建议,但这一规定旨在维护旅游者的权益,并非一项特定的行政处罚措施。

旅游法律法规精读本

后 记

本书作者系浙江海洋大学教师，也是从业多年的律师（律师个人网站地址http：//www.zsgzlawyer.com）。作者具有旅游管理专业本科、经济法法学硕士文凭，多年以来一直从事旅游政策与法规的教学、常年从事旅游法律实务工作。

本书有助于读者增强旅行消费法制意识，也适合旅游专业人士、旅游从业人员理论研究、经营管理参考所需。同时，本著作也是报考导游资格考试的考生专攻旅游政策与法规该门课程的理想参考书。

本书内容，如有不当不足之处，敬请有识之士指出。

本书获得浙江海洋大学出版基金资助。